KAUDERWELSCH

Wienerisch

Das andere Deutsch

Klaus Hirtner,
Dr. Gerald Jatzek,
Beppo Beyerl

Inhalt

Wienerisch lernen

Wienerisch sprechen

Anhang

Auf einen Blick

Wienerisch

Wienerisch ist ein ostmittelbairischer Dialekt, der in Österreichs Hauptstadt Wien und Umgebung gesprochen wird. Etwa drei Millionen Menschen sprechen Wienerisch mehr oder weniger stark ausgeprägt.

1,9
Millionen

Einwohner leben in Wien, der schönen Hauptstadt Österreichs.

56
Tausend

Hunde streunen durch die Gassen Wiens (plus Dunkelziffer).

3
Millionen

Verstorbene haben ihre letzte Ruhestätte auf dem Wiener Zentralfriedhof.

Vorwort

Seawas, werte Leserin, werter Leser!
Und schon haben Sie etwas gelernt, nämlich die Wiener Universalbegrüßungsverabschiedung. **Seawas** (geschrieben: servus) können Sie zu jeder Person sagen, mit der Sie halbwegs gut bekannt sind, somit zur ganzen Stadt. Ausnahmen sind Bundespräsidenten, Kardinäle und **Kiebara** (Polizisten).

Das ist keineswegs so gleichmacherisch, wie Sie vielleicht meinen. Die Standesunterschiede finden Sie in der barocken Umrahmung des Grußes, die etwa beim Stadtobersten lautet: **Seawas, Genosse Biagamasta.**

Nähe und Distanz, Bewunderung und Ablehnung, Erstaunen und Schrecken drücken Sie mit Tonfall, Länge, Melodie und Lautstärke aus. Ein leise gezischtes **Ssass!** verheißt nichts Gutes. Das betont weitschweifige **Seeeawaaas, Oida** zeugt von einem herzlichen Verhältnis. Vielleicht ist es aber auch nur der Auftakt zu einer Schnorrerei (Geldpumpaktion).

Reines Wienerisch ist inzwischen selten geworden. Oft wird in einer Mischung aus Hochdeutsch, Wienerisch und anderen sprachlichen Einflüssen kommuniziert. Allerdings setzen die Sprecher dabei sehr wohl die präzisen grammatikalischen Formen des Dialekts ein: So existieren für das das Verbum „tun" gleich sechs Konjunktivformen. Die Konjugationsübungen erfolgen im Innenteil des Buches.

Nach der Lektüre dieses Bandes sollten Sie vor gröberen Verständnisproblemen gefeit sein. Einem Besuch in Wien steht dann zumindest die Sprache nicht mehr im Wege, hoffen

Beppo Beyerl
Gerald Jatzek

Top 5

Typisch Wienerisch

№ 1 Gar nicht so abweisend ...

... wie es oft heißt, sind die Wiener. Sie sind bloß überzeugt, dass jede übertriebene Aktivität alles nur noch schlimmer machen wird, als es ohnehin ist. Dass Paris in puncto Unfreundlichkeit Wien überholt hat, verletzt allerdings ihren Stolz.

№ 2 Nicht entscheidungsfreudig

Wiener bleiben lieber unbestimmt und setzen dafür mehr Formen des Konjunktivs ein, als das Schuldeutsche vorsieht. Wer im Wiglwogl ist, befindet sich im Zustand der schwankenden Meinung.

№ 3 Undurchschaubar

Sie vereinbaren einen Termin. Was passiert? Der Wiener ist nicht da, und Sie gehen heim. Der Wiener kommt eine Stunde zu spät und wundert sich über Ihr Benehmen. Gut. Sie lernen daraus und kommen beim nächsten Mal ebenfalls zu spät. Der Wiener ist nicht da. Er hat das Kaffeehaus verwechselt und wartet am anderen Ende der Stadt. Auch gut. Beim dritten Anlauf gehen Sie eine Stunde zu spät ins falsche Lokal, Sie bleiben trotzdem allein. Irgendwann erzählt Ihnen der Ober, dass der Wiener schon am Vortag dagewesen ist.

№ 4 Traditionell

Die 1703 gegründete Wiener Zeitung ist die älteste bis heute erscheinende Tageszeitung der Welt. Wenig später, nämlich 1752, wurde der Tiergarten Schönbrunn eröffnet. Er ist damit der älteste noch in Betrieb befindliche Zoo der Welt.

№ 5 Auf keinen Fall gut aufgelegt

Der berühmte Walzer „An der schönen blauen Donau“ von Johann Strauss junior fiel bei seiner Uraufführung trotz der zündenden Melodie durch. Mit den Worten „Wiener seid froh! - Oho! Wieso?” konnte das Publikum wenig anfangen. Erst mit der Änderung zu „Donau so blau, so blau, so blau …” wurde das Stück zum Welthit.

Hinweise zum Gebrauch

Jedes Kapitel in diesem Buch behandelt ein wesentliches Thema des Wiener Alltags, sodass Sie mit dem Wortschatz für die Wechselfälle des Lebens gerüstet sind. Alle Ausdrücke und Redewendungen werden übersetzt, sofern sie nicht offensichtlich verständlich sind. Kulturgeschichtliche Verweise und realistische Dialoge führen die tatsächliche Verwendung vor.

Wo es von zusätzlichem Nutzen oder besonderem Interesse ist, finden sich ergänzende Angaben zur Herkunft der Begriffe.

Die hier gesammelten Ausdrucksformen haben sich von Wien aus weit verbreitet. Viele der Wendungen finden sich auch in den Städten Niederösterreichs, Oberösterreichs oder der Steiermark. Je weiter Sie nach Westen fahren, auf desto mehr Unverständnis werden Sie stoßen. So gibt es irgendwo in Österreich die Melange-Grenze. Westlich dieser Grenze werden Sie bei der Bestellung dieser Kaffeesorte mit scheelen Blicken beäugt. Und in Tirol könnten Sie bei allzu häufiger Verwendung wienerischer Begriffe Einreiseverbot bekommen.

Im Anhang sind alle Stichwörter noch einmal alphabetisch in einem Register zusammengefasst; die Zahl dahinter gibt die Seite an, auf der man den Ausdruck findet. Redewendungen wie **an Topfn redn** findet man unter **Topfn.**

Wienerisch lernen

Powidl und Schmafu: Die vielen Wurzeln des Wienerischen

Die Linguistik erklärt uns, dass es sich beim Wienerischen um einen ostmittelbairischen Dialekt handelt. Dieser konnte freilich erst durch die Vermischung mit zahlreichen anderen Sprachen, Mundarten und Soziolekten zur wahren Entfaltung und Vollkommenheit gelangen.

Die wichtigsten Ingredienzen sind – in alphabetischer Reihenfolge – Amtsdeutsch, Jiddisch, Rotwelsch und Tschechisch. Dazu kommen Einflüsse aus dem Französischen, das vom Kaiserhof und vom Hochadel gepflegt wurde, aus dem Italienischen, das die Bauarbeiter nach Wien brachten, sowie – dank der gemeinsamen Geschichte – aus dem Slowakischen und dem Ungarischen. Manches ist aus südslawischen Sprachen und neuerdings dem Türkischen gegen den Verlauf der Donau ins Wienerische eingeflossen. Und schließlich haben diverse Jargons, von der k. u. k. Verwaltungssprache bis zum schon erwähnten Rotwelsch, ihre Spuren hinterlassen.

Jiddisch

Das Jiddische, von seinen Sprechern **Mameloschn** (Muttersprache) genannt, war die Sprache der Juden in Ost- und Mitteleuropa, der Aschkenasim. Entstanden ist es aus mittelhochdeutschen Mundarten, in die sich slawische und hebräische Einflüsse mischten. 1908 wurde es auf der internationalen Konferenz in Czernowitz zu „einer nationalen Sprache des jüdischen Volkes" erklärt.

Die nach 1880 einsetzende Massenauswanderung der Juden aus den Gebieten Ost- und Mitteleuropas führte zu einer Aufspaltung und Schwächung des Jiddischen. Das Verbrechen der Shoa bedeutete das Ende der dörflichen jüdischen Kultur in Osteuropa. Heute wird das Jiddische nur mehr als Zweitsprache verwendet, allerdings eher in New York als in Wien.

Tschechisch

Von panslawistischen Autoren wurde Wien um 1900 als die größte tschechische Stadt bezeichnet. Tatsächlich war das natürlich Prag, aber mit 300.000 bis 500.000 Tschechen und Slowaken folgte Wien an zweiter Stelle. Die Zahlen sind nicht besonders genau, weil die ausgeprägte Deutschtümelei in Österreich das Bekenntnis zur sprachlich-kulturellen Herkunft nicht gerade förderte. Viele gehörten zu den Arbeiterinnen und Arbeitern, die als **Ziegelbehm** (Ziegelböhmen) im heutigen zehnten Bezirk ausgebeutet wurden – und die Ziegel für die Prachtbauten der Ringstraße herstellten.

Ihre Nachfahren manifestieren sich in Hunderten Einträgen in den Telefonverzeichnissen unter **Novak, Svoboda / Swoboda** und **Dvořak / Dvorak / Dworak.** Sprachlich haben vor allem die Hausangestellten aus Böhmen, Mähren und der Slowakei ihre Spuren hinterlassen.

Rotwelsch

Das Rotwelsch bildete sich im Mittelalter als Geheimsprache der Nichtsesshaften des deutschen Sprachraums. Das waren Händler und Hausierer ebenso wie Gauner, Vogelfreie und Spielleute, das waren Roma, Sinti und Calé, Juden, Wanderarbeiter und Schausteller. Wer das sehr konkrete und mitunter drastische Vokabular beherrschte, konnte die Obrigkeit täuschen und sich anderen Fahrenden gegenüber als vertrauenswürdig präsentieren.

Das Rotwelsch hinterließ seine Spuren in Begriffen wie **Schmalz** (Strafmaß bei Gericht), **Marie** (Geld) und **Gsibal** (geheimer Brief im Gefängnis).

Französisch

Das Französische schließlich wurde vor allem in höfischen Kreisen genäselt. Wer seinen Beruf mit einem französischen Ausdruck bezeichnete, rückte sich ein Stückchen in Richtung Hochadel, sei es als **Coiffeur** (Friseur) oder als **Installateur** (Klempner). Selbst die ungelernte Hilfskraft wollte als **Schackl** (von Jaques) etwas Besseres sein. Die Begeisterung fürs Französische war in Wien bis zum Ende der Monarchie groß. So konnte es im 18. und 19. Jahrhundert durchaus vorkommen, dass eine junge Dame einen **Flameau** (Hunger) hatte und **döschenian** (frühstücken) wollte, weshalb sie der **Schmafu** (französisch: *je m'en fous* = ist mir egal), den ihr der Galan erzählte, **ennuierte** (langweilte). Bis heute erhalten haben sich die **Bagasch** (Gesindel), der **Fallot** (Gauner), das **Randl** (Stelldichein) und der **Fauteuil** (Polstersessel).

Der Dialekt wandelt sich freilich ständig, Neues entsteht, alte Ausdrücke und Formen verschwinden. So hörten wir vor Kurzem den Ausruf **Jawasch, jawasch, Oida!** (türkisch: *yavaş* = langsam). Ältere Wiener würden hingegen **Pomali, pomali!** (tschechisch: *pomalý* = langsam) verwenden.

Hören Sie genau hin. Vielleicht finden Sie ja das erste wienerische Lehnwort aus Urdu oder Swahili.

Jenseits des Duden: Wiener Grammatik

Wer mit Wienern in näheren Kontakt treten möchte oder muss, darf sich durch sprachliche Seltsamkeiten nicht aus dem Konzept bringen lassen. Mit zwölf Regeln sind Sie dabei. (Wenn Sie Grammatik hassen, überspringen Sie die folgenden Seiten und lesen Sie beim Abschnitt „Aussprache" weiter.)

1. Das Wiener Reflexivum

Verwenden Sie, wann immer möglich, Reflexivformen:

mia treffen sich	wir treffen uns
mia freun sich	wir freuen uns
mia scheißn uns nix	uns ist das egal

2. Das Personalpronomen „Ihnen"

Dieses sticht alles, sogar reflexive Formen. Verwenden Sie es, wenn es passt oder auch nicht:

Grüß Ihnen!	Grüß Sie!
Das können S' Ihna denkn!	Das können Sie sich denken!

Die behördliche Mehrfachpronominalkonstruktion stopft mehrere Fürworter in einen Satz, weil eines schon richtig sein wird.

Derart fordert ein Polizist bei Beibehaltung aller vorgeschriebenen Höflichkeitsregeln: **Weisen Sie sich Ihnen aus!**

3. Die doppelte Verneinung

Sie dient zur Bekräftigung von Aussagen: **Des ist ka Guater net!**

4. Die bestätigende Verneinung

Net bedeutet nicht. Ans Satzende gehängt entspricht es dem englischen „isn't it“:

Då håb i eams einigsågt, net?
Da hab' ich ihm aber mal die Meinung gesagt.

Kombiniert mit der doppelten Verneinung entsteht:
Des ist ka Guater net, net?!

Eine ähnliche Funktion erfüllt ein nachgestelltes **vaschtest?** Dieses wird auch zur Bekräftigung einer Drohung eingesetzt:

Schleich di, vaschtest?
Zieh Leine, klar?
Auch: **Schleich di, vaschtest net?!**

5. Die Liebe zur Nennform

Sowohl im Indikativ wie im Konjunktiv kann man in Wien jegliches Tun in der Nennform ausdrücken.

Indikativ	
I tua singan	**mia tuan singan**
du tuast singan	**ia tuats singan**
er tuat singan	**sie tuan singan**

Konjunktiv	
I tat singan (ich tät singen)	**mia tatn singan**
du tatst singan	**ia tatats singan**
er tat singan	**sie tatn singan**

6. Liberale Konjunktivlösungen

Konjunktive werden nach dem Grundsatz gebildet: Möglich ist, was möglich ist. Wolfgang Teuschl gibt in seinem „Wiener Dialektlexikon" sechs legitime Konjunktivformen von „tun" in der 1. Person Singular an: **I tat, I tät, I tatert, I tätert, I tuarert, I tarat.**

7. Der Wiener Genitiv

Er besteht aus zwei Formen, die beide nichts mit dem Hochdeutschen zu tun haben. Bezieht sich der Genitiv auf eine Person, dann wird er durch den Dativ oder Akkusativ ersetzt. Bezieht sich der Genitiv auf eine Sache, wird er durch „von" (+ Dativ) ersetzt.

Schriftsprache:	**das Bein des Vaters**
Gemildertes Wienerisch:	**dem Våda sei Haxn**
Strenges Wienerisch:	**den Våda sei Haxn**
Oder:	**en Våda sei Haxn** **der Haxn vom Tisch**

8. Partikel und Artikel

Beide sind im Wienerischen manchmal auf ein bis zwei Buchstaben reduziert. Zum Beispiel bedeuten:

a	auch; ein, eine
z. B.	**Håst a a Marie?** *Hast du auch eine Marie?* Hast du ebenfalls Knete?
an	einen
å	an
z. B.	**zah å!** *zieh an* mach weiter
di	dich, dir
i	ich usw.

Eh ist in fast jeder Stellung in fast jedem Satz verwendbar, sozusagen der Jolly Joker im Wienerischen. Übersetzung: „Sowieso", „klarerweise", „Ja freilich".

Auf die Aufforderung, sich im Supermarkt in die Warteschlange einzureihen, antwortet man in Wien: **I stö mi eh a å.** Ich stelle mich ohnehin (auch) an. Und jemand, der zu spät zu einer Verabredung kommt, sagt vielleicht: **Eh kloa. I håb ma eh denkt, dåss du eh schon då bist.**

9. Verkleinerungen

Das Wienerische bedient sich gerne verschiedener Verkleinerungsformen, um den trügerischen Anschein der Freundlichkeit zu erwecken: **Des is a Heazerl!** (Das ist ein Herzchen!) ist keineswegs nett gemeint, sondern bezeichnet einen unsympathischen Zeitgenossen.

Der verbreitetste Diminutiv ist **-erl,** gesprochen **-al.** Er darf jedoch, wie schon Karl Farkas nachwies, nicht unbedacht eingesetzt werden: Ein **Haserl** ist ein kleiner Hase, ein **Vaserl** ist eine naive Person, und ein **Busserl** ist keineswegs ein Kleinbus.

10. Präpositionen

Vieles passiert **åm** (einem), das den Rang einer Generalpräposition einnimmt. Wiener sitzen nicht bei Tisch, sondern **åm Tisch.** Sie treffen sich **åm Bahnhof, kräun åm Berg** (klettern auf den Berg) und sind **åm Sånd** (fertig, geschafft).

11. Die Vergangenheit

Die Vergangenheit wird fast ausschließlich mithilfe des Perfekts dargestellt.

Schriftsprache:	**Ich war gestern betrunken.**
Wienerisch:	**I bin gestan bsoffn gwesn.**

12. Die Nicht-Präpositionen

Vor allem unter dem Einfluss des Türkischen ist in den letzten Jahren die Tendenz entstanden, Ortspräpositionen wie **am, beim** oder **zum** gleich ganz wegzulassen:

I bin Koalsplåtz.	Ich bin am Karlsplatz.
I foa Koalsplåtz.	Ich fahr' zum Karlsplatz.

Zur Aussprache

Harte Mitlaute werden im Wiener Mund meist weich:

Gaugau	Kakao
Våda und Muada	Vater und Mutter
wågln	wackeln

Selbst im Auslaut – etwa bei **Gfrast** (hinterlistiger Mensch) – klingt das **t** wesentlich weicher als in Hannover oder auf der Bühne.

Der Mitlaut **r** wird – außer im Anlaut – konsequent vermieden und durch ein **a** ersetzt:

i hea	ich höre
du heast	du hörst
heast	hörst du?
huach zua	horch zu!

Und: **Des wü i goa net gheat hom!**
Das will ich gar nicht gehört haben!
Es wäre mir lieber, ich hätte das gar nicht gehört, und ich verhalte mich dementsprechend.

Im Auslaut wird **er** zu **a.** Der Kaiser ist ein **Kaisa,** die Häuser sind **Heisa.** Schlaue Kinder kapieren das schnell. Nach ein paar Wochen in der Volksschule beschreiben sie ihre Familie so: **Bruder, Schwester, Paper, Mamer ...**

Gesprochen wird das **r** allerdings manchmal, wenn es zwei Vokale trennen soll: **Des hear i.** (Das höre ich.) Das passiert selbst dann, wenn es geschrieben gar nicht vorhanden ist: **ana wia r i** (einer wie ich). Das **v** klingt stets wie **f.** Es gibt somit:

Fråtzn (Fratzen)	ungezogene Kinder
Vägl (Vögel)	auch: schräge Typen

Die Vokale werden gern in die Länge gezogen, was zu einer schläfrig wirkenden Sprachmelodie führen kann. Die meisten Gespräche erreichen nur etwa 60 Prozent der Geschwindigkeit italienischer Konversationen. Immerhin ist das Wienerische damit in etwa doppelt so schnell wie das Bernerische.

Für einen gewissen Tempogewinn sorgen die oben erwähnten Einbuchstaben-Wörter. Ein durchaus realistischer Dialog damit läuft so ab:

Seawas, Floridsdorfer.
Grüß dich, Bewohner des 21. Bezirks.

Heast, i bin aus da Kreta.
Hör zu, ich stamme aus einem nicht besonders angesehenen Teil des 10. Bezirks.

A, du bist eh a a Favoritna, i a.
Ach, du bist ohnehin auch ein Bewohner des 10. Bezirks. Ich auch.

Der Vokal **a** wird oft lang und dumpf ausgesprochen und befindet sich in etwa zwischen **o** und **au.** Er wird durch den Buchstaben **å** gekennzeichnet, etwa in:

Må	Mann
Blåsn	Blase; auch: Gruppe von Freunden

Vermeiden Sie schließlich den Klang von „deutschländischem Deutsch" (so nennt das die Wissenschaft) bei Fremdwörtern und sprechen Sie französische Wörter zumindest halbwegs französisch und englische Wörter annähernd englisch aus.

Karton:	*Kartó* statt *Kartong*
Boulevard:	*Bulwá* statt *Buleward*

Chance:	*Schauns* statt *Schantze*
Journalist:	*Schurnalist* statt *Jurnalist*
Etage:	*Etaasch* statt *Etage*

Dementsprechend wird auch die Aussprache in österreichischen Werbespots angepasst:

Colgate:	*Kolget* statt *Kolgate*
Michelin:	*Mischlö* statt *Michelin* usw.

Zur Beruhigung: Die Regeln sind nicht in Stein gemeißelt. Oder auf Wienerisch: **Scheißn Sie sich nix!**

Wienerisch sprechen

Bazis und Gscherte: Wiener und andere Leut

„Ein echter Wiener ist ein Mensch, der gleichzeitig freundlich und grantig sein kann, der gleichzeitig Menschenfreund und Menschenfeind ist." (Ex-Bürgermeister Michael Häupl)

Die Wiener Bevölkerung ist von alters her eine Mischung, entstanden durch die Heirat des böhmischen Urgroßvaters mit der jüdischen Urgroßmutter aus Lemberg.

Der Großvater zog um die Jahrhundertwende mit seiner Frau, einer ungarischen Köchin, nach Wien, weil ihm sein Cousin, ein kroatischer Sattelflicker, erzählte, dass es in der Ziegelfabrik Arbeit für ihn gebe.

Diese „völkische Durchmischung" entstand hauptsächlich durch die Migrationsströme aus den strukturärmeren Gebieten der Monarchie, die allesamt in der Kaisermetropole endeten. Laut der Volkszählung des Jahres 1910 stammten 25 Prozent der Wiener aus Böhmen und Ungarn; allein im 10. Wiener Gemeindebezirk (Favoriten) waren es 80 Prozent. Der „echte Wiener" heißt bis heute **Navratil, Pospischil** oder **Dvořak.**

Obwohl dem Wiener somit jede Idee von Rasse absurd erscheinen müsste, pocht er bisweilen energisch auf die Reinhaltung derselben. Die Blut-und-Bodenpartei FPÖ verspricht ihm nicht nur Schutz vor Ausländern, sondern auch vor Akademikern, dem Benzinpreis, Bettelei, Feministinnen, Fremdsprachen, Impfungen, Klimaaktivismus und Radwegen. Dass regelmäßig Funktionäre dieser Partei strafrechtlich verurteilt werden, Bundesländer in die Zahlungsunfähigkeit treiben oder Österreich an den Meistbietenden verkaufen wollen, lässt ihren Stimmenanteil jedoch rasch einmal von 30 auf 7 Prozent sinken. Daraufhin verstärken einige Boulevardmedien ihr Geraune von den Verschwörungen der oben angeführten Gefährder, und das Spiel beginnt von vorn. Die Typologie der Wiener und restlichen Bewohner der Welt sieht folgende Kategorien vor:

der Bazi

Der **Bazi** ist ein typischer Wiener. **Oida, bist a a Weana Bazi!** ist der Schlachtruf, mit dem Einwohner dieser Stadt bei einem zufälligen Treffen im Südural einander in die Arme fallen. In Wien selbst können sie einander nicht ausstehen.

der Behm

Ein **Behm** (Böhme) ist jeder, der aus dem Gebiet der Tschechoslowakei eingewandert ist. Im Zeitraum 1870 bis 1900 waren dies in großer Zahl die sogenannten **Ziegelbehm,** die in den Favoritner Ziegelfabriken oder am Bau ihr Dasein fristeten.

der Gschaftlhuaba

Ein Wichtigtuer, der **einedraht** (angibt, sich wichtigmacht). Falco sang über ihn:

> **Wås is er denn? Wås hat er denn? Wås kann er denn?**
> **Wås red er denn? Wer glaubt er, dass er is?**

der Gscheate

Ein aus den übrigen Bundesländern Österreichs kommender Wien-Besucher. Der Begriff stammt von der mittelalterlichen Rasur der Leibeigenen, die so zu „Geschorenen" wurden. Fährt ein Lenker mit Gänserndorfer Kennzeichen etwa gegen die Einbahn, ist die Reaktion des Wieners klar: **Nå typisch, a Gscheata!**

die guate Haut

Damit bezeichnet man einen Menschen, der zu gut für diese Welt ist – und dementsprechend ausgenutzt wird.

der Kråwåt

Er ist eigentlich Kroate, aber infolge der geografischen Wurschtigkeit des Wieners auch Serbe, Bosnier, Makedonier etc.

der Piefke

Jeder Deutsche, im engeren Sinn Norddeutsche. Der **Piefke** ist ein sorgfältig gepflegtes Feindbild der Wiener mit dessen „Komplementäreigenschaften“: eingebildet, hektisch und lautstark. Friedrich Torberg schrieb über die **Piefke:**

> *„Entweder man hebt die Nordsee so lange, bis Linz zum Freihafen wird, oder man übergibt ihnen freiwillig die Weltherrschaft.“*

das Seicherl

Das **Seicherl** kann nichts, weiß nichts und traut sich nichts zu. Deshalb ist es immer auf der Suche nach a) jemand, der ihm sagt, was es zu tun hat, b) jemand, der unter ihm steht. In unseligen Zeiten entpuppte sich die Mehrheit der Bevölkerung als **Seicherln.**

das Simandl

Pantoffelheld. Die Wiener verweisen allerdings darauf, dass der angebliche Namensgeber Simon Handl im 80 km entfernten Krems lebte, woran heute ein Simandlbrunnen erinnern soll.

der Tschusch

Die abwertende Bezeichnung für die slawischen Bewohner Südosteuropas wird fallweise auch auf Perser, Südosseten und Abchasen angewendet.

der Ungustl

Jeder, der keinen **Kårl** (Spaß) versteht, dem es an Verständnis für den Wiener und seine jeweilige Stimmung mangelt. Der typische, der echte Wiener ist eine Konstruktion. Am ehesten kommt er in der Literatur oder auf dem Theater vor. Manche Verkörperungen der Stadt haben allerdings tatsächlich gelebt.

Adabei

Die Figur, die prinzipiell und überall „auch dabei ist", wurde vom Journalisten Vinzenz Chiavacci (1848-1916) kreiert.

Baronkårl

Dieser **Sandler** (Stadtstreicher) ging auf dem Laaer Berg (dem **Monte Laa**) von Wirtshaus zu Wirtshaus und seinen Beschäftigungen nach: Geige spielen, Geschichten erzählen und Bier trinken. Er wurde 1948 von einem Auto überfahren. Die Bewohner sammelten für die **schöne Leich,** und der Baron-Karl wurde auf dem protestantischen Friedhof mit höchstem Pomp zu Grabe getragen.

Ute Bock (1942-2018)

Sie kümmerte sich nach ihrer Pensionierung ehrenamtlich um die Versorgung von Obdachlosen, ohne vorher sich nach deren Aufenthaltstitel zu erkundigen. Sie wurde deshalb wegen Bandenbildung und Drogenhandel angezeigt. 2012 wurde aus Privatspenden das „Ute-Bock-Haus" gegründet, in dem sie bis zu ihrem Tode selbst wohnte.

Johann „Schani" Breitweiser (1891-1919)

Der legendäre Wiener Einbrecherkönig aus Meidling raubte 1917 sämtliche Kassen des damaligen Kriegsministeriums und kurz darauf den Panzerschrank der Hirtenberger Waffenfabrik. Am 1. April 1919 (kein **Schmäh**) wurde er von der Polizei auf der Flucht erschossen. Im Nachruf schrieb Alfred Polgar über ihn: „Unser tüchtigster, energischster, erfolgreichster Einbrecher. Wir hatten keinen Besseren. Er ist längst im Paradies, wo die Polizisten Palmwedel haben und die Einbrecher Maschinengewehre".

Calafati

Die neun Meter hohe Figur eines Chinesen stand ursprünglich in der Mitte eines Ringelspieles im Prater und wurde 1945 zerstört. Seit 1968 ist dort ein Nachbau ausgestellt.

Herr Karl

Die von Carl Merz und Helmut Qualtinger beschriebene Figur des Wieners schafft den Anschluss an die jeweilige Zeit mittels Adaptierung der Gesinnung leicht und locker:

Bis Vieradreißig war i Sozialist. Das war aa ka Beruf.
Hat ma aa net davon leben können …
Später bin i demonstrieren gangen für die Schwarzen …
für die Heimwehr … net? Hab i fünf Schilling kriagt …
Dann bin i umme zum … zu den Nazi …
da hab i aa fünf Schilling kriagt …
naja, Österreich war immer unpolitisch …
i man, mir san ja kane politischen Menschen …
aber a bissel a Geld is zsammkummen, net?

Kasperl

Unter dem Einfluss der Klassik wurden die Theater des deutschen Sprachraums zu moralischen Anstalten umgemodelt. Die beliebten Hanswurstiaden fielen der Zensur zum Opfer. Einzig in Wien hielt sich die seit dem Mittelalter beliebte „lustige Figur" auf der Bühne. Die Schauspieler Josef Anton Stranitzky und Johann Josef La Roche verhalfen dem Kasperl im 18. Jahrhundert zu einer enormen Popularität. Sogar der Philosoph Georg Wilhelm Hegel hat den „weltberühmten Kasperl im Leopoldstädtischen Theater" bei einem Wienaufenthalt gleich zweimal besucht.

Lumpacivagabundus

Der von Johann Nestroy erfundene Geist verführt Menschen zum Laster, zum Müßiggang und zum Trinken. Ohne ihn kämen sie vermutlich nie auf solche Gedanken.

Hans Moser

Die bekannte Frage des nuschelnden Kofferträgers lautete:

Wie nehmamasdenn? Mit dem krawotischn Untergriff?

Der angesprochene Deutsche antwortet verzweifelt: „Mensch, ich versteh Sie nicht!“ Darauf Hans Moser im Grant:

A Jammer, waun ana ka Deutsch vasteht!

Rathausmann

Die Ritterfigur auf der Spitze des Rathauses soll Wien bewachen und die Wiener vor dem beschützen, was unter ihm beschlossen wird.

Mundl Sackbauer

Die von Ernst Hinterberger geschaffene Figur agierte in einer Fernsehserie mit dem Titel „Ein echter Wiener geht nicht unter“. Eben. Sein Lieblingsspruch, sollte ihn jemand wegen seines Trinkverhaltens anpöbeln, lautet: **Mei Bier is net deppert!**

Matthias Sindelar

(sprich: Schindelar, eigentlich Matej Šindelař, genannt Mocl oder wienerisch Motzl): Geboren im mährischen Kozlov kam er mit vier Jahren mit seinen Eltern nach Favoriten. Als Centerhalf der Wiener Austria war er einer der besten Fußballspieler Europas der Dreißigerjahre. Er inszenierte Spiele, wie ein Regisseur Theaterstücke aufführt. Der Spitzname **Papierener** leitet sich von **papierln** her: jemanden elegant austricksen. Am 23. Jänner 1939 drehte er in der Annagasse Nummer 3 den Gasofen auf. „Wegen de Nazis“ erzählt man bis heute am Verteilerkreis. „Kohlenmonoxidvergiftung“ schrieb die damals schon gleichgeschaltete Presse.

Sisi

so der Rufname von Elisabeth von Österreich-Ungarn (1837-1898), war ab 1854 dank der Heirat von Franz Joseph I. Kaiserin von Österreich und Apostolische Königin von Ungarn. Bekannt ist allerdings nicht die historische Person, sondern die Kunstfigur der filmischen Trilogie mit Romy Schneider und Karlheinz Böhm. Selbige wird als Wunderwaffe des österreichischen Fremdenverkehrs verwurstet, wo es nur geht. **Sisi** gibt es als Ausstellung, Blue Ray Disc, Buch, CD, Damentaschenuhr, DVD, Eiskastenmagnet, Fächer, Führung, Holzdose, iPhone-Hülle, Kaffeetasse, Kalender, Kinderglitzerkleid, Krönchen, Kugelschreiber, Kunstdruck, Lippenpflegestift, Postkarte, Puzzle, Musical, Samtbeutel, Schmuck, Schokolade, Seidentuch, Show, Spieluhr, Spitzendeckchen, Teeservice und Wollmütze. Unter anderem.

Frau Sopherl

ist die typische redselige Verkäuferin auf dem Naschmarkt: **Kaufen's, kaufen's! alles billig!** lockt sie dich zu ihrem Stand, und sie sagt dir, kaufst du willig, **Euer Gnaden, küss die Hand!** Doch gib acht, sie ist geladen! Fängst du nur zu feilschen an, degradiert sie **seine Gnaden** auch sofort zum **Schmutzian.** (Albert Wickenburg)

Travnicek

Die von Helmut Qualtinger kreierte Figur des ignoranten und selbstmitleidigen Wieners wechselt seine Meinung öfter als die Unterwäsche und ist immer dort, wo es etwas zu holen gibt.

Poldi Waraschitz

Er war der „Schnorrerkönig“ Wiens der 1960er. Ob seiner Fähigkeit, Prominenten Geld und Leistungen herauszulocken, wurde ihm von der Bevölkerung der unsichtbare Orden „Held der Nichtarbeit“ verliehen.

Schmäh und Streit: Formen der Kommunikation

Wie im Vorwort festgestellt, stellt das aus dem Lateinischen abgeleitete **Servus** die verbreitetste Grußformel dar. Das ursprüngliche Versprechen, jemandem zu Diensten zu sein, ist in zahlreichen Varianten vom nasal-vornehmen **Serwuus** (Schönbrunn) bis zum breiten **Seawas** (Brigittenau) zu hören. Die gestresste oder unfreundliche Kurzfassung lautet **Ssass.**

Standesbewusste Beamte grüßen einander mit **Habedieehre,** was nicht mit dem Stoßseufzer **Hawedehre!** (Du meine Güte!) verwechselt werden darf. In Ämtern ist zwischen zehn und fünfzehn Uhr der Gruß **Moizeit** (Mahlzeit) obligatorisch.

Die Gesprächseröffnung kann mit **Es warat wegn** und dem Anliegen erfolgen. Wenn zu nachtschlafener Zeit, sagen wir um drei Uhr morgens, Hip-Hop in der Lautstärke von Düsentriebwerken ertönt, läuten bald die **Kiebara** (Polizisten) an der Tür und sagen: **Es warat wegn dem Lärm!**

Verabschieden kann man sich mit **Tschau** (ciao), traditioneller ist ein **Pfiat di** (von: Gott behüte dich). **Mia seng si / mia hean si** lässt offen, ob der nächste Kontakt in zwei Stunden oder in zwei Jahrzehnten stattfinden soll. Das gilt auch für die Variante **bis dånn hoit.**

Baba – mit Betonung auf dem Schluss – sagt man meist zu Kindern. **Baba und foi net** kann, muss aber nicht, ironisch mitteilen, dass man froh über den Abschied ist.

Personen, die man nach dem Weg fragt, spricht man mit **tschuing** (entschuldigen) an. Ergänzend kann bei Männern ein **Masta** (Meister) und bei Frauen **gnä' Frau** hinzukommen. Mit Letzterem arbeiten auch Verkäuferinnen in Boutiquen sowie Heiratsschwindler.

ausrichtn	sich über andere das Maul zerreißen
ausstallieren	beanstanden
einweimperln	einschleimen
frotzln	foppen, verarschen
a Goschn wie a Schweat	eine sehr spitze Zunge
a große Goschn	ein loses Mundwerk
an Holla redn	Unsinn reden
Larifari	Blabla, Geschwätz
mauschln	etwas (heimlich) vereinbaren
a große Pappn / a Pappalatur	ein großes Mundwerk

Theoretisch ist Kommunikation ja ein zweipoliges Geschehen mit Sender und Empfänger. Das ist freilich nicht immer der Fall, wie das Vokabular belegt. Die **Pappalatur** etwa. Ein solches Sprachwerkzeug benötigt eine eigene Ruhestätte, um sein tatsächliches Verstummen zu gewährleisten: **Den sei Pappn miassns amoi extrig eingråbn** (über Männer). Oder: **Dera ia Pappn miassns amoi extrig eingråbn** (über Frauen).

plauschn	sich unterhalten, auch: (umständlich) erzählen
ratschn	pausenlos reden
an Schas redn	wirres Zeug reden
an Topfn redn	Unsinn reden
tråtschn	Tratsch verbreiten; in der Schule schwätzen
Voiksredn schwingan	das große Wort führen

Derartige Volksredner trifft man in allerlei Gaststätten. Nicht selten kann man die Bereitschaft zum Zuhören gegen Einladungen zu Getränken tauschen.

Wenn man Kommunikation vermeiden möchte, bieten sich an:

Låss mi ånglant! **Låss mi in Kraut!** **Gib an Friedn!**	Lass mich in Ruhe!
Hau di üba de Häusa!	Mach die Fliege!
Hupf in Gatsch!	Geh dahin, wo der Pfeffer wächst! (**Gatsch** = Schlamm)
Schleich di!	Zieh Leine!

Alle Grenzziehungen lassen sich selbstverständlich auch in der Höflichkeitsform ausdrücken: **Låssn S' mi ånglant!** oder **Woins Ina net, bittschön, üba de Häusa haun!**

Der Schmäh

Die Grundlage der Kommunikation ist der **Schmäh.** Das äußert sich darin, dass ein Wiener, der etwas ernst meint, dies mit einem nachgestellten **Schmäh ohne!** im Sinn von tatsächlich betont. **Schmäh** ist weit mehr als nur ein Scherz, Ulk, Spaß etc. **Schmäh** schließt Doppelb(l)ödigkeit, Charme, Falschheit, Sarkasmus, Zweifel etc. ein.

Schmäh wird nicht „eingesetzt“, „vorgetragen“ oder Ähnliches, sondern **geführt,** und zwar von einem **Schmähführa,** der auch ein **Schmähbruada** sein kann. Treffen mehrere Exemplare dieser Gattung aufeinander, dann **rennt der Schmäh.** Dabei wird manchmal jemand **åm Schmäh ghoitn,** also gehänselt. Die höchste Steigerung ist der **Überschmäh. Schmähstad** ist schließlich jemand, dem der Schmäh abhandengekommen ist.

Vermutlich ist der **Schmäh** Ausdruck einer Realitätsflucht. Als einführende Lektüre wird „Sigmund Freud: Der Witz und seine Beziehung zum Unbewußten“ empfohlen.

Streiten

Einen besonderen Stellenwert hat die Streitkultur. Meist beginnt es damit, dass einer **goschat** (vorlaut) ist und dem anderen vorwirft, ihn mit **Schmonzes** (Mist, Unsinn) **ånzustrudln** (vollzuquatschen). Der andere antwortet mit einem herzhaften **Hoit de Goschn** (den Mund), **wäu sunst spüns Granada** (sonst spielen sie Granada = sonst setzt es etwas). In der Folge bedienen sich beide eines reichen Wortschatzes, der ob seines Umfanges hier nur teilweise wiedergegeben werden kann. Dabei entstehen mitunter gelungene Neologismen wie **Du Oarschloch der laufenden Ereignisse!** (Joe Berger), die in den allgemeinen Sprachgebrauch eingehen.

der Ansertrottl *Einsertrottel*	als Nummer eins ein besonders vertrottelter Trottel
åntritschkert, ångschütt (sein)	blöd (auch angetrunken?)
das Årmutschkerl	ein Armer im Geiste

das Oarschgsicht	Verkürzung der bösartigen Feststellung beim Betrachten eines Gesichts: **I håb glaubt, den Oarsch trågt ma in da Hosn!**
die Bissgurn	keifende Frau
deppert	blöde

Deppert kennt die drei Steigerungen: **gånz schä deppert, uandlich deppert** und **unpåckboa deppert.** Die Feststellung **Dea is da a Wäu deppert** liegt im oberen Drittel!

der Dolm	Idiot
der Fetznschädl	Strohkopf
die bläde Funsn	dumme Frau
der Halawachl	ausgemachter Dummkopf
der Häuslråtz	Die „Klo-Ratte“ riecht schlecht und ist unausstehlich.
das Hirnederl	geistig Minderbemittelter
der Huanbeidl *Hurenbeutel*	ausgesprochen mieser Typ
der Koffa *Koffer*	Volltrottel. Der „Koffer“ hat die Intelligenz eines solchen; ergo ist er ein Volltrottel.
das Krewegerl	Schwächling
die Nockn	langweilige, unintelligente Frau
der Pleampl	einfältiger Mensch
der Potschochta	weltfremder Kindskopf, ungeschickter Kerl
das Råbnbratl	eine hinterlistige, intrigante Person
das Rauschkind	unzurechnungsfähiger Mensch, der im Rausch gezeugt wurde

der Ruabnzuzla *Rübenzuzler*	hinterwäldlerischer Dummkopf
der Safnsiada *Seifensieder*	einer, dem man Unfähigkeit unterstellt
der Schneebrunza	kann nicht viel mehr, als in den Schnee zu pinkeln, selbst wenn keiner vorhanden ist
der Schüttla	Depp, Trottel
der Schwabo	abwertende Bezeichnung für einen deutschsprachigen Österreicher
das Schwammerl	harmloser Dummkopf, Naivling
der oder die Schwindliche	jemand, der nicht ganz bei Trost ist
der Streithansl	streitsüchtiger Mensch
der Surm	einfältiger, ungebildeter Mensch
der Tilo	Dummkopf
die Trutschn	Tussi
der Ungustl	unsympathischer Mensch
der Untam	grober, gefühlloser Mensch
der Wadlbeißer	ein Mensch, der bei seinen Aggressionen die Schwächen der Angegriffenen ausnutzt
der Wappla	Depp
der Waugl	ein harmloser bis liebenswerter Dummkopf
das Weh	unfähiger Mensch
die Zechn	hässliches Mädchen

Redaktionssitzung in der „Wiener Zeitung“. Die Chronik berichtet: „Die Wiener sind die zweitunfreundlichsten Großstädter Europas.“ Kurze Stille. Dann heftiger Protest: **Wås, nur die Zweitn!** Der Aufschaukelung der Aggression dienen Sätze wie:

Bist hin in da Marün?
Bist du hin in der Marille?
Wohl ein paar Schrauben locker, was?

Spü di net mit mia!
Spiel dich nicht mit mir!
Pass ja auf!

Håst an Klåmsch? oder **Håst an Klescha?**
Bist du bescheuert?

Kusch!
Setze im Interesse deiner Gesundheit eine merkliche Distanz zwischen uns.
Halt's Maul!

Måch Meta!
Mach Meter!
Hau ab!

Körperliche Gewalt

Du rüttelst åm Watschnbam ist eine letzte Warnung vor der Eskalation zur körperlichen Gewalt und bedeutet, dass eine physische Bestrafung durch **Watschn** oder **Fotzn** (Ohrfeigen, Maulschellen) geradezu herausgefordert wird. Was dann passiert, heißt **sich birnen** oder **sich tögeln** (raufen, schlagen).

In der Folge kann **ein Rafa** (Raufbold) seinen Kontrahenten **zuwefångan** (zum Zwecke des Verprügelns an sich ziehen) und ihm **ane ånrauchn** (eine verpassen). Er wird ihm wahlweise einen **Tschuk aufs Aug** (Faustschlag aufs Auge) oder ein **Mågnstamperl** (Schlag in den Magen) verpassen. Darüber hinaus kann er Techniken wie die **Gnackwatschn** (Schlag ins Genick) oder das **Uanreiberl** (die Ohren schmerzhaft reiben) einsetzen, ehe er den Gegner mit einem **Rempla** oder **Schtessa** (beides: Stoß) durch den Raum bewegt.

Wenn die Kämpfenden beobachtet werden, kann es zu komplexen und durchaus absurden Anfeuerungen kommen:

Reiß eam den Schädl åb und schmeiß eam an ins Gsicht!
Reiß ihm den Kopf ab und wirf ihn ihm ins Gesicht!

Ein Beispiel der nicht immer nachvollziehbaren Wiener Sprachlogik ist:

Reiß eam de Eier åb, is' eh net dei Våda.
Reiß ihm die Eier ab, er ist ja nicht dein Vater.

Von der Äußerung dieses Wunsches wollen wir jedoch abraten.

Prater und Reichsbrücke: Merk- und Sehenswürdigkeiten

Der Autor Hermann Broch schrieb um 1900: „Wenn irgendwo, so war in Wien Dekorativität legitim. Nur dass es beiläufig jene Legitimaton war, die der Etablierung und Instandhaltung eines Museums zukommt. In Erfüllung seiner Traditionspflicht wurde Wien zum Museum seiner selbst."

Zahlreichen Bereichen wurden gesonderte Museen zugeordnet. So gibt es das Bestattungsmuseum, das Uhren-, das Tramway-, das Zirkus- und Clownmuseum, das Schnapsmuseum sowie das Elektropathologische Museum.

Über den musealen Charakter hinaus beanspruchen ein gewisses Maß an Merkwürdigkeit:

URGEIL!
DER PRÅTA!

Das Hundertwasserhaus

Das Hundertwasserhaus ist ein Wohnhaus von Josef Krawina nach dem Konzept des Malers Friedensreich Hundertwasser (eigentlich Friedrich Stowasser). Architekturtheoretiker haben mehr als zwanzig Baustile zusammengezählt, die der Meister zitiert hat. Leider kann der katalanische Architekt Antoni Gaudi nicht mehr auf Urheberschutz klagen.

Der Heurige

Der Heurige ist sowohl der Wein des Vorjahres wie die Stätte, wo selbiger ausgeschenkt wird. Diese wird von Wienern nicht immer geschätzt, da sie ungern Touristen beim Schunkeln und bei Selfies zusehen. Getrunken werden der **Grüne Veltliner** (Rümpfen Sie nicht die Nase: Die Säure ist sein Profil!) sowie der **Gemischte Satz** (Rümpfen Sie nicht die Zunge: Er entsteht aus dem Mischen von maximal sieben Weinsorten).

Jonas-Reindl

Jonas-Reindl heißt die Unterführung nahe der Universität nach dem ehemaligen Bürgermeister Franz Jonas. Das 1961 errichtete Bauwerk drückt die Sehnsucht nach der autogerechten Stadt aus. Erst in den 1970ern stellte man fest, dass es weitere Verkehrsteilnehmer gibt.

Kapuzinergruft

Sollten Sie einmal einen Kaiser in seiner organischen Totalität mustern wollen, brauchen Sie ein bisschen Kondition: Befindet sich doch sein Herz in einem Silberbecher in der Augustinerkirche, die Eingeweide sind in den Katakomben des Stephansdomes, und der Rest ruht in der weltberühmten Kapuzinergruft.

Mahü

Mahü bezeichnet die Wiener Einkaufsmeile mit der amtlichen

Bezeichnung **Mariahilfer Straße.** 2013/14 wurde sie zur Begegnungszone für Fußgänger, Radfahrer und motorisierte Verkehrsteilnehmer umgebaut. Es gilt etwa: „Die Fahrbahn selbst wird in der Mariahilfer Straße durch die Entwässerungsrinne begrenzt. Außerhalb dieser dürfen sich nur Fußgänger bewegen." Wenn man die amtlichen Begegnungszonenregeln nicht liest, kennt man sich besser aus.

Praterstern

Pråtastean (Praterstern) heißt der Platz, von dem man zum Wiener Prater gelangt. Er gilt als missglückte Kopie des Londoner Trafalgar Square sowie als sogenannter Hotspot, an dem sich Nichtsesshafte zeitweilig niederlassen. Weil das die vorbeieilenden Sesshaften stört, hat die Stadtverwaltung ein striktes Alkoholverbot erlassen. Um dieses zu exekutieren, müssen besonders geschulte Polizisten lungerndes Trinken (untersagt) von vorbeieilendem Trinken (erlaubt) unterscheiden.

Die Reichsbrücke

Die Reichsbrücke überquert meistens die Donau. Am 2. August 1976 allerdings nicht. Da machte sie Wien weltbekannt, indem sie einstürzte. Der zuständige Stadtrat weilte gerade in den Schweizer Alpen und war mehrere Tage unauffindbar. Der Bürgermeister war angeblich überrascht; er hätte viel eher mit dem Einsturz einer anderen Brücke gerechnet. Ein Buslenker, der das Unglück überlebte, durfte die neue Reichsbrücke mit seinem neuen Autobus eröffnen.

Die Votivkirche

Die Votivkirche wurde 1856 bis 1879 errichtet, weil 1853 der Messerattentäter János Libényi den damals eher unbeliebten Kaiser Franz Joseph I. nicht voll getroffen hatte. Der ungarische Schneidergeselle wurde auf der Simmeringer Heide am Galgen hingerichtet, der Fleischhacker Josef Ettenreich, der ihn im Würgegriff haltend der Polizei übergeben hatte, wurde in den Adelsstand erhoben.

Im Hinblick auf die für die Errichtung der Kirche zu leistenden Abgaben dichtete der Volksmund:

Auf da Simmeringer Had håts an Schneida vawaht (verweht).
Und es gschicht eam scho recht, weil wås sticht er so schlecht.

Wir fahren mit der Bim: Verkehr

In der als Irrgarten angelegten Passage Südtirolerplatz:
Mann: **Kommt ma då zua Favoritnstråßn?**
Frau: **Na, då kummt ma zum Ausgång.**

Um diese und andere Stätten umweltschonend zu besuchen, benötigt der Wiener die **Bim** (Straßenbahn) oder die **U** (U-Bahn). Die Züge der Bim werden stets im Maskulinum bezeichnet: **der Fünfer** und **der D.** Besonders sensibel reagieren die Wiener, sollte **der O** (sprich: Oh!) von Besuchern als „Null" oder gar „die Null" beflegelt werden.

Seit 1978 gibt es in Wien eine U-Bahn, mittlerweile sogar fünf, und die sechste ist in Planung. Ihre Trassen wurden teilweise vorher schon von der Stadtbahn oder der Straßenbahn benutzt, sodass manchmal das einzig Neue die Bezeichung U ist. Trotz ihres Namens fährt etwa die U6 hoch über der Erde. Um dies zu verschleiern, wurde die parallel geführte Straßenbahn im Zuge der Neueröffnung eingestellt.

Der Massenansturm an Fahrgästen kann von der U6 kaum bewältigt werden. Über die Lautsprecher an den Haltestellen ertönen daher in regelmäßigen Abständen Durchhalteparolen:

„Die Garnituren der U6 verkehren in unregelmäßigen Abständen. Wir bitten um ein wenig Geduld!" – Wappnen Sie sich mit dieser!

Da es phasenweise in der U-Bahn stinkt, wurde mit Jänner 2019 ein allgemeines Essensverbot verordnet. Diese juristische Höchstleistung wurde mit einer wienerischen Praxis verknüpft. Mit der Aussage „Geldstrafen für den Verzehr von Speisen in der Wiener U-Bahn sind nicht ausgeschlossen – aber vorerst nicht vorgesehen" ließ das Rathaus die Wiener ratlos zurück.

Für die Benutzung der öffentlichen Verkehrsmittel ist die Beherrschung folgender Wörter notwendig:

die Bim	Straßenbahn. Die **Bim** kommt vom Bimmelton, den der Fahrer bei brenzligen Verkehrssituationen heftigst einsetzt.
die Remise	Garage der Straßenbahn
der Schwoazkappla	Das städtische Kontrollorgan (trug ehedem eine schwarze Kappe). Heute besitzt der **Schwoazkappla** nur mehr den Dienstausweis, den er auf Verlangen herzeigen muss.
die Tram	Tramway, Straßenbahn
zwicken	Fahrschein lösen

Vom einstigen Entwerten eines Fahrscheins mit der Zwickzange leitet sich bis heute die Frage nach einem gültigen Ticket ab: **Håst scho zwickt?** Das Wort **zwicken** ist allerdings vieldeutig. Wolfgang Ambros fordert in einem Lied: **Zwickts mi, i man i tram!** Das Wort **zwicken** kann aber auch für „essen" stehen. Wer lieber individuell unterwegs ist, sollte sich folgende Vokabeln merken:

åschiassn *abschießen*	Verwendung des eigenen Fahrzeugs in Kamikazemanier
a Brezn reißn	zu Fuß oder mit einem Zweirad stürzen
der Busara	Zusammenstoß, somit Produkt des **Åschiassns**
die Busspur	Nur für Busse! Überlegen Sie als Wien-Besucher kurz, ob Ihr vierrädriger Untersatz wie ein Autobus ausschaut. Bei negativem Ergebnis: Meiden Sie bitte die Busspur.
einschleifn	plötzlich bremsen
der Gatschhupfa	geländegängiges Moped oder Motorrad
glian *glühen*	so schnell fahren, bis der Motor glüht
die Havarie (endbetont!)	entweder ein Verkehrsunfall oder der dadurch entstandene Schaden am Fahrzeug
herumgurkn	sinnlos in der Gegend herumfahren
der Koimreiba	Kolbenfresser
die Kraxn	altes Auto
der Kübl	Auto
die Maschin	Motorrad, z. B.: **Da Wüde mit seina Maschin**
der Murl / Mual	Motor
der Påtschn	platter Reifen
pledern	schnell fahren
revasian	rückwärts fahren

die Rostschissl	altes, nicht wirklich verkehrstüchtiges Fahrzeug
das Schnauferl	kleines, langsames Auto
das Spuckerl	kleines Auto
staubn	überholen, z. B.: **Den håb i gstaubt mit sein Meacedes!**
die Tschesn	altes, billiges Auto
das Uawaschl	in die Fahrbahn ragender Ausbau des Gehsteigs (zur Temporeduktion)
zåmmführn	überfahren
der Mistkübla	So ein Fahrzeug der Müllabfuhr sehen Sie meistens in einer engen Gasse vor sich. Lautes Hupen erschreckt die stets orange gekleideten Damen und Herren und führt zu einer Reduktion der Arbeitsgeschwindigkeit.
das Parkpickerl, kurz: **Pickerl**	Vignette, die in vielen Teilen Wiens zur Benutzung eines Parkplatzes benötigt wird. Zeiten der Gültigkeit variieren von Bezirk zu Bezirk, manchmal auch von Straße zu Straße.

Her mit da Marie! — Geld und wie man dazu kommt

Die Regel, nach welcher man über Geld nicht spricht, ist in Wien nur teilweise gültig. Man spricht sogar sehr viel darüber, nur verschlüsselt. Zum Beispiel in Form eines Frauennamens: **Marie.** Meistens behauptet der Wiener ungeniert, **ka Marie** (kein Geld) zu haben. Eine poetische Umschreibungform ist der Flieder: **Heast, i hab scho wieda kan Flieda!**

Eher prosaische Typen sprechen vom **Knödl** oder **Gerschtl** (Gerste), das als Lohn jeder Arbeit **außaschaun** (einen angemessenen Betrag einbringen) sollte.

Früher gab es den **Schlei** (Schilling). Aus einem Euro lässt sich jedoch nicht viel herausholen, höchstens die etwas missglückte Pluralform **Euronen,** aus einem Cent schon gar nichts. Zudem sollte man beachten, dass das Bargeld an Bedeutung verliert. Im Alltag fragt man:

Wüvü håstn peckt?
Wieviel hast du denn bezahlt?

mögliche Antworten

An Zehna.
Zehntausend Euro.

An Fleck.
Tausend Euro.

Je nach Besitz oder Nichtbesitz von Geld ist man:

gstopft	wohlhabend
A Gstopfter / A Gstopfte	eine Person, deren Brieftasche bzw. Konto prallvoll ist
nodig	geizig
in da Krida	bankrott

Krida: Das österreichische Recht hat bis 2000 unterschieden zwischen den Strafbeständen „Betrügerische **Krida**“ und „Fahrlässige **Krida**“. Die heißt nunmehr „Grob fahrlässige Beeinträchtigung von Gläubigerinteressen“. Die Welt ist dadurch auch nicht besser geworden.

nega	pleite
Negerant	Pleitier
stia	pleite

Die Redensart **Des stiat mi** bedeutet hingegen: Das stört mich. Oft **stiat** (stiert) man dabei vor sich hin. Der Zustand der **Stiarität** (Pleitesein) mag dafür die Ursache sein. Um an Geld zu kommen, gibt es verschiedene Varianten:

åhebn	Bezahlung von Arbeit: **Wüvü hebst å im Monat?**
åschnorrn	anpumpen
eistrafn (auf der ersten Silbe betont!)	Geld halblegal kassieren (ein beliebter Volkssport)
der Reibach / Rebbach	Gewinn
an Reibach måchn	Reingewinn erzielen
mauschln	vertraulich aushandeln
reibn	borgen: **Geh, reib ma an Euro.**
schofl	schäbig, kleinlich, geizig
Tacheles reden	Klartext reden (wird bei finanziellen Transaktionen eher vermieden)

Während die **Sandler** einen Euro **eistrafn,** packen die **Gstopftn** ein paar Millionen. Wenn Erstere verurteilt werden, gehen sie in den **Häfn.** Zweitere latschen mit einer Fußfessel in die Oper.

Schwiegermutter-Schmäh

Bei der Untersuchung einer groß angelegten Geldwäscheaktion behauptete der ehemalige Finanzminister Karl Heinz Grasser, er habe die ihm vorgeworfenen Schmiergeldzahlungen in Wirklichkeit von seiner Schwiegermutter erhalten. Der Auftrag der Schwiegermutter sei gewesen, das Geld möglichst gewinnbringend anzulegen. Eine derartige Transaktion gilt seither als Meisterstück in der Ausbildung von Anlageberatern. Meist eingeleitet durch die Frage: **Håst a poa Netsch?**

Ansonsten gilt: Man besitzt Geld, aber man redet nicht darüber. Sonst gilt man in der Verwandtschaft und in der Bekanntschaft – ja, als was? Im Wienerischen gibt es kein Äquivalent für den hauptberuflich soliden Abcasher oder den Absahner. Solche Typen, die **kan Schenierer håbn** (hemmungslos sind) und kein **Ghörtsi** (Anstand) kennen, könnten am ehesten als **falsche Fufzger** bezeichnet werden. **Einedrahra** sind hingegen Schwindler und Angeber.

Gutgläubige Zeitgenossen, die ihr Geld nicht auf undurchsichtige Art verdienen, „verlieren" es manchmal, worauf sie sprichwörtlich durch die leeren Finger schauen. Meist werden sie das Geld los durch:

ålegn	Geld für etwas ausgeben: **Wås håst fia de Bock åglegt?** (Wieviel haben die Schuhe gekostet?)
ånlegn	Dabei gibt man ebenfalls Geld aus, und zwar aufgrund eines Tipps wohlmeinender Freunde aus dem Börsenmilieu – man bekommt allerdings nichts dafür, da sich die Barschaft auf dem Weg zu karibischen Konten auflöst.
ausstrahn	In betrunkenem Zustand kann es vorkommen, dass Geld auf unerklärbare Weise verschwindet.
brennen	Es passiert dauernd im Alltag: Man muss immer irgendetwas bezahlen.
brandeln	wie „brennen"

Die resignierende Folgerung lautet:

Då brennst ordentlich.

Da zahlst du aber eine Menge.

Wenn es echt teuer wird, heißt es:

Då brennst wia r a Lusta.

Da brennst du wie ein Kronleuchter.

Wenn man finanziell in einem **Schlamassel** (Unglück, schlechte Lage) steckt, braucht man einen Rettungsanker, um sich zu **dafången** (aus der Misere herauszukommen). Ein solcher ist das **Pfandl** (Pfandleihanstalt). Die bekannteste ist das Dorotheum, genannt **Tante Dorothee.** Vom Schmuck bis zum MP3-Player wird dort das bewegliche Gut **vasetzt** (belehnt). Im Dorotheum werden übrigens rund 90 Prozent aller verpfändeten Sachen wieder ausgelöst.

Für Personen, die auf Beteiligungen, Miteigentumsanteile sowie private Vereinbarungen extra legem spezialisiert sind, ist hingegen der Kauf des ganzen **Pfandls** lukrativer.

Glückliche Umstände führten einen in der **guatn, oitn Zeit** (die Vergangenheit war in Wien stets besser als die Gegenwart) immer wieder zu Leuten, die die **Spendierhosn åhabn** (gelaunt sind, hemmungslos Geld auszugeben). Heutzutage ist die Chance größer, als **Sandler** (Stadtstreicher) zu enden, oder auch als **Tschickkarretiera** (jemand, der Kippen vom Boden aufliest und aus den Tabakresten Zigaretten verfertigt).

Gibt man jedoch selbst das Geld aus, gilt es bisweilen aufzupassen, dass man nicht **betacklt** (betrogen) wird. Umgekehrt ist es in allen geschäftlichen Angelegenheiten ratsam, jede **Mezzie** (günstige Gelegenheit) wahrzunehmen.

Leider hatte Johann Nestroy recht, als er in dem Stück „Der Zerrissene“ schrieb:

**Armut is ohne Zweifel das Schrecklichste.
Mir dürft einer zehn Millionen herlegen
und sagen, ich soll arm sein dafür,
ich nehmet 's nicht.**

Arbeit macht das Leben sauer: Existenz und Berechtigung

Dass Arbeit das Leben süß macht, bezweifelt der Wiener mehr als alles andere. „Die Arbeit hoch" heißt ein berühmtes Lied der österreichischen Sozialdemokratie. Wann immer es gesungen wurde, fanden sich in der Menge welche, die brummten: **So hoch, dass ma's net daglengt.** (So hoch, dass man sie nicht erreicht).

Die meisten Menschen müssen aber **hackln** (arbeiten), vielleicht **barabern** (schwer arbeiten) oder sogar **ruachln** und **tschinagln** (sehr schwer arbeiten). Eine **Håckn** (Arbeit) sucht man sich daher selten aus. Meist wird sie dem **Hackler** (Arbeiter) **gschåfft** (befohlen). Sie ist durch diverse Erweiterungen charakterisiert:

Dodlhåckn	einfache Arbeit, für:
Dodln	Dummköpfe
Dreckshåckn	Drecksarbeit, schlechte oder schmutzige Arbeit
Hungerhåckn	schlecht bezahlte Arbeit

Hungerhåckn ist nicht zu verwechseln mit dem aus nördlichen Gefilden stammenden „Hungerhaken", der einen untergewichtigen Menschen meint.

Pitzlhåckn	heikle Arbeit
Scheißhåckn	miese Arbeit
Zuckerhåckn	Arbeit, nach der man sich **ålle zehn Finger åbschleckt** (= die sehr begehrt ist)

Bei der Arbeit kann man auf unterschiedliche Weise vorgehen:

åbezahn	jede Anstrengung tunlichst vermeiden

si åbstrudeln	aufopfernd arbeiten
si eineknian	sich in eine Tätigkeit hineinsteigern
si zeaspragln	mehrere Tätigkeiten gleichzeitig ausüben

Wenn beim **si zeaspragln** nichts herauskommt, heißt es allerdings, man sei mit **an Oarsch auf siebn Kirtåg** (Kirchweihfesten).

ånzahn	schnell oder intensiv arbeiten, damit ...
das Weakl rennt	die Arbeit vorangeht
hudln	schnell und nachlässig arbeiten
fitzln	sehr genau arbeiten

Der Vermeidung von Arbeit dienen die folgenden Taktiken:

brodln	trödeln
pfuschn	ungenau oder illegal arbeiten
larschiern *largieren*	die Anstrengung bloß vortäuschen
auf Lepschi gehn	sich herumtreiben und vergnügen statt zu arbeiten
påtschat	ungeschickt
holperdatschig	sehr ungeschickt
viare gråd sein låssn	nicht nach Perfektion streben

Wer sich **påtschat** (ungeschickt) oder **holperdatschig** (sehr ungeschickt) anstellt, erhält vielleicht eine Aufgabe, bei der er sich **kan Haxn ausreißt** (sich nicht überanstrengt). Wer **tachiniert,** drückt sich vor der Arbeit. Wenn er dazu einen Krankenstand nützt, leidet er an **Tachinose.** Der Erfolg macht ihn zum **Tachiniara.** Aus der Arbeit (oder anderen Tätigkeiten) **ein Gschisdigschasdi måchn** bedeutet „umständlich sein“.

Eine Fabrik wird **Werk** genannt, wobei man **in Werk** (nicht im Werk) und möglicherweise **åm Bandl** (Fließband) arbeitet. Allgemein wird der Arbeitsplatz oft **die Bude** genannt. Ein kleiner Betrieb ist eine **Quetschn.** Zum Personal gehören:

der Oide	Chef (neben anderen Bedeutungen wie Ehemann oder Vater).
der Stift	Lehrling, Azubi
der Unterläufl	Untergebener

Man kann sich an den **Oidn zuweschmeißn** oder bei ihm **einweimperln,** sprich: einschmeicheln.

Berufe	
Åchtaviazga	Mitarbeiter der Magistratsabteilung 48 (Abfallwirtschaft, Straßenreinigung und Fuhrpark); auch **Mistkübla** genannt
Åmtskappl	Die Dienstmütze steht oft stellvertretend für die darunter befindliche Person: **Du, des Åmtskappl håt gsågt ...**
Bäck	Bäcker
Bådewaschl	Badewärter
Ballschani	Balljunge
Barabara	schwer körperlich Arbeitender
Billeteur, Billeteuse	Platzanweiser, Platzanweiserin
Blattlåbstauba	Jemand, der eine anspruchslose Tätigkeit ausübt. Ist diese völlig sinnlos, spricht man vom:
Blattlåbstauba in da Bamschui	Blätter-Abstauber in der Baumschule
Bleamalfrau	Blumenverkäuferin

Blunznstricka	Wörtlich strickt er Blutwürste, was ein Ausdruck der geringen Achtung vor seiner Tätigkeit ist.
Briafträga	Briefträger, Postbote
Exekutor	Gerichtsvollzieher
Fetzntandla	Altwarenhändler
Fleischhauer	Metzger
Gigara	Pferdemetzger; ein im Aussterben begriffener Beruf
Greißla	kleiner Lebensmittelhändler, Tante-Emma-Laden
Hausbesorga, Hausbesorgarin; Hausmasta, Hausmastarin	im Haus wohnende Hilfskraft der Hausverwaltung, die für organisatorische Aufgaben, Reinigung und kleine handwerkliche Tätigkeiten zuständig ist
Häuslfrau	Klofrau
Hoibkrasinscheniör *Halbkreisingenieur*	Straßenkehrer
Installatör	Klempner
Journaldienst	Bereitschaftsdienst
Kolporteur	Zeitungsverkäufer
Kanäurama	Kanalisations-Arbeiter; in der Gruppe werden sie zur **Kanäuramabrigade**
Kårtenbändige	Platzanweiser
Måchatschek	Er kann zwar selbst nichts, kennt aber jemand, der die gewünschte Arbeit verrichten kann, und kümmert sich darum. Das klappt oder auch nicht. Wenn nicht, handelt es sich um einen **Gschaftlhuber** (Großmaul, Wichtigtuer) oder einen **Schmähtandler.** Heutzutage werden die drei Begriffe gemeinsam in der Kategorie „Manager“ zusammengefasst.

Måntlhex	Diese Garderobiere war lange Zeit der Schrecken diverser Kaffeehäuser. Die **Måntlhex** dürfte um die Jahrtausendwende ausgestorben sein.
Öbebela	Eisenbahner; Mitarbeiter der Österreichischen Bundesbahnen (ÖBB)
Pappnschlossa	Zahnarzt
Pfrintna	Pensionist
Polyp	Polizist
Pompfinebara	Totengräber
Postla	Postbediensteter
Primar, Primaria	Chefarzt, Chefärztin
Rauchfångkera	Schornsteinfeger
Schwoazkappla	Fahrscheinkontrolleur
Sensal	Auktionator
Tandla	Altwarenhändler
Taxla	Taxifahrer
Trafikant, Trafikantin	arbeitet in einer **Tabaktrafik** (Zigarettenkiosk)
Verschönerungsingenieur	Friseur

Bereits historische Berufe sind der **Rastlbinda** (Wanderarbeiter, der Reparaturen im Haushalt durchführte), der **Kochlöffelkråwåt** (Wanderhändler mit Hauswaren und Spielzeug), der **Salamutschi-Må** (Wanderhändler mit Wurst und Käse) und der **Dürrkräutla,** der getrocknete Kräuter verkaufte. Das **Radiweib** bot in Wirtshäusern Radi (Rettich) und Nüsse an.

Der **Konduktör** (Conducteur) war der Schaffner der Straßenbahn. Sein Untergang wurde am 1. Dezember 1964 mit der Inbetriebnahme des ersten schaffnerlosen Beiwagens eingebimmelt.

Am 20. Dezember 1996 fuhr schließlich die letzte Garnitur mit einem Schaffner in die **Remise** (das Straßenbahndepot).

Das letzte **Lavendlweiberl** war in hohem Alter in den 1990ern rund um den Naschmarkt unterwegs. Der Verkauf von kleinen Lavendelsträußen war für die alte Dame allerdings nur ein Vorwand, um sich auf das eine oder andere **Achterl Wein** einladen zu lassen. Als Gegenleistung erzählte sie unglaubwürdige Geschichten, die im Wienerischen **Lavendlschmäh** genannt werden. Fallen Sie nicht auf diesen hinein!

Ohne Arbeit ist man **håcknstad,** also arbeitslos, und muss möglicherweise **fechtn** (betteln) und **schnorrn** (anpumpen, betteln). Wer dennoch bis zum **Ultimo** (dem letzten Tag des Monats) gut über die Runden kommt, ist ein **Hallodri** (Filou, leichtlebiger Mensch) und wird sowohl verachtet wie bewundert.

Den Gipfel der titulierenden Peinlichkeit bildet der österreichische **Inscheniör,** den man erhält, wenn man nach dem Abitur an einer technisch ausgerichteten Schule drei Jahre nicht von der Leiter fällt.

Umgang mit Schnorrern

Der berühmte Bühnenautor Johann Nestroy erhielt durch einen Boten einen Zettel, auf dem stand: „Lieber Nestroy, leih mir fünf Gulden. Das heißt, eigentlich brauch ich zehn ... “ Nestroy schrieb auf die Rückseite: „Anbei die fünf Gulden. Das heißt, eigentlich brauch ich sie selber ... “

Beletage und Souterrain: Alltag in Wien

In Wien gibt es noch immer Wohnformen, die sich aus der Monarchie nahezu unverändert bis heute erhalten haben. Sie dienen Menschen mit geringen finanziellen Mitteln als Wohn-Haft.

Diese Zimmer-Küche-Wohnungen haben das Klosett am **Gång** (Flur). In Wien spricht man von einem **indischen Klo,** weil es sich jenseits des Ganges befindet. In wenigen Fällen befindet sich auch der Wasseranschluss außerhalb der Wohnung. Dieses Waschbecken heißt historisch **Bassena,** und man spricht noch heute von **Bassenawohnung.**

Das Gegenstück dazu sind die Herrschaftswohnungen der Gründerzeit, z. B. an der Ringstraße: **das Vestibül** (der repräsentative Eingangsbereich). Ebenerdig befindet sich die Wohnung des **Concierge** (Hausmeister, Portier), in der **Beletage** (der erste Stock) konnten sich die Hausbesitzer ausbreiten.

Die Sprache des Adels hat sich schließlich auch in den Außenbezirken durchgesetzt, sodass Sie bis ins **Souterrain** (auch Tiefparterre genanntes Kellergeschoss) absteigen können. Sollten Sie im

Stiegenhaus jedoch hinaufsteigen, vergessen Sie Ihre arithmetischen Kenntnisse: Im zweiten Stock werden Sie von einer Tafel informiert, dass Sie sich soeben im ersten Stock befinden. Sie haben nämlich zwischenzeitlich das **Mezzanin** passiert, einen Halbstock, der nicht mitgezählt wird.

Des Rätsels Lösung: Um 1870 erlaubte die Bauordnung bloß die vierstöckige Verbauung. Um diese Bestimmung äußerst korrekt einzuhalten, haben viele Hauseigentümer **Souterrains** (Untergeschosse) und **Mezzanins** (Zwischengeschosse) eingeschoben. Was finden Sie nun in und um Wiener Altbauten?

die Bassena	Wasserbecken am Flur. **Bassena** kommt sprachlich vom italienischen „bacino“ sowie vom französischen „bassin“.
der Beserlpark	Park in der Größe eines besseren Vorgartens
das Durchhaus	Dieses Haus mit zwei Eingängen verbindet zwei Straßen durch einen Weg über den Innenhof. Ortskundige nutzen die zahlreichen Durchhäuser, um die Innenstadt zu durchqueren.
die Etasch (Etage)	Bei vier Stockwerken plus Dachausbau können Sie froh sein, sollte das Haus über einen Lift verfügen.
das Grätzl	kleiner Bereich der Stadt mit einer eigenen Identität; Kiez
die Gstättn	unbebautes, verwahrlostes Gebiet in der Stadt; Wüstung
das Häusl	Klosett

Es wird jedoch davon abgeraten, das **Häusl am Roan** oder das **Häusl am Stoan** zu besuchen, um dort die Notdurft zu verrichten. In beiden Fällen handelt es sich um gut besuchte und betuchte Ausflugsrestaurants auf den Hügeln des Wienerwaldes.

der Hieb	Bezirk
der Koloniakibl	Der Abfalleimer (Kübel) wurde in den 1920er-Jahren nach dem „System Colonia“, einem Kölner Patent, konstruiert. Er steht zumeist in einem winzigen Lichtschacht.
die Oberliachtn	der Fenster-Querteil über dem zweiflügeligen Fenster, wird gerne zum Lüften verwendet
das Parterr	Erdgeschoss

Wenn hingegen Sie persönlich **parterre** sind, kriechen Sie am Zahnfleisch daher, ohne es putzen zu müssen.

die Pawlatschn	Laubengang, Balkongang in Innenhöfen, von dem der Zugang zu den Wohnungen erfolgt
der Plafoo	Zimmerdecke (vom franz. plafond)

Die Miete wird in Wien als **Zins** bezeichnet. Diesen mussten früher die Parteien am ersten des jeweiligen Monats dem Hausherrn oder seinem Vertreter persönlich überreichen. **Parteien** sind diesfalls die Mitbewohner. **Wüvü Partein san bei eich daham?** könnte der Herr Vyskocil den Herrn Dolezal fragen. **Mia und zehn Zuagraste!** wäre eine mögliche Antwort des Herrn Dolezal.

Der Vertreter des Hausherrn war früher der Hausmeister, der mit eiserner Hand über Haus und Hof wachte und bei jedem sich bietenden Anlass einen **Bahöö** (Aufruhr) machte. Heute werden seine Tätigkeiten von Reinigungsfirmen ausgeübt, die in der Regel Ausländer für die niedrigen Putzdienste angestellt haben. Kontakte mit den Bewohnern gibt es kaum.

Bei Neuvermietungen ist eine **Ablöse** (meist illegale Abstandszahlung) zu bezahlen. Diese typisch wienerische Form der Aufwandsentschädigungsrückvergütung ist einem Ortsunkundigen nur schwer zu erklären. Sie ergibt sich durch das Zusammenfallen von drei scheinbar widersprüchliche Faktoren:

1. Ohne Ablöse keine Wohnung.
2. Die Ablöse ist absolut ungesetzlich.
3. Jeder weiß es, und keiner tut was dagegen.

Sollte der Gesetzgeber sich doch zu einem halbherzigen Versuch aufraffen, das Ablöse-Unwesen in den Griff zu bekommen, bewirkt das nur eines: Das Ansteigen der Ablösepreise. Sollte einem noch Geld übrig bleiben, kann für eine Wohnung folgendes Inventar angeschafft werden:

der Fauteuil	(sprich: *Fotöö*) Lehnstuhl, Sessel
die Fuassdackn	Türmatte
das Heferl	jeder Becher, der kein **Glaserl** ist
der Gruscht	siehe **Klumpat**
das Gschisti-Gschasti	kleines **Kramuri**
der Kåstn	Schrank
das Klumpat	alles, was sinnlos herumlagert, aber niemals weggeworfen werden darf, weil man es irgendwann vielleicht brauchen könnte
das Kramuri	dieses lagert ebenfalls sinnlos, das Wegwerfen wird jedoch nicht einmal in Erwägung gezogen
die Kredenz	Küchenschrank
das Lavua	Waschschüssel, vom franz. lavoir
die Psych	Dieser riesige Spiegel mit Ablagefläche lagert zumeist im Schlafzimmer und dient der Frau des Hauses zur Kosmetik.
das Reindl	jede Form von Schüssel, Sonderform:
der Weitling	tiefe Schüssel mit Griffen
der Sessl	Stuhl
der Tschick	Zigarettenkippe

die Tuchat	Tuchent, Bettdecke
die Zinskasern	Altbau, meist um 1870 in den proletarischen Vororten errichtet

Sollten Sie zu den überflüssigen Besitztümern Bücher zählen, so können Sie diese in den Bücherschränken deponieren, die im Stadtgebiet verteilt herumstehen. Und bleibt einmal ein **Tschick** im Stiegenhaus liegen, fördert er die Kommunikation, weil alle wissen wollen, von wem er stammt.

De Mamsch und de Hawara: Familie, Bekannte, Szene

Im Kreise der Familie frönen die Wiener ihrer Liebe zu Verkleinerungen. Junge Familien bestehen aus dem **Mandi** und dem **Weibi,** die einander mit **Pipihendi, Schatzibutzi** und **Schnurliwurli** bezeichnen. Später heißen sie nur noch **Oida** (Ehemann) und **Oide** (Ehefrau). Wenn sie einander in Abwesenheit von Kindern mit **Mama** und **Papa** anreden, haben sie den Sex bereits hinter sich gelassen.

der Gschråpp, die Gschråppn	Kinder
der Gschteaml, die Gschteamln	Kinder
das Putzi / das Putzerl	Baby
der Pamperletsch	kleines Kind
das Bauxerl	süßes kleines Kind
das Herzibinkerl	Liebkind

das Tschåpperl	unbeholfenes, nicht besonders intelligentes Kind
ån da Kittlfåltn hängen	besonders anhänglich sein
der Fråtz, die Fråtzn	ungezogene Kinder
der Rotzbua	Lausbub
das Rotzmensch	Lausmädchen; Gör
die Zezn	empfindliches Kind, vor allem beim Essen
das Zornbinkl	jähzorniges Kind
der Vifzack	gescheites Kind
der Bånkert, die Bånkertn	unausstehliches oder uneheliches Kind
der Kegl	uneheliches Kind, daran erinnert der Stabreim **mit Kind und Kegel**
das Aa, das Lulu	Ausscheidungsprodukte (groß / klein) in der Kindersprache
die Mamsch	Mama
die Godl	Firmpatin
der Göd	Firmpate
Oitspotzn *Altspatzen*	Alte Menschen (von **Spotz** für Sperling). Die Ehrfurcht vor dem Alter ist in Wien nicht ausgeprägt. Im Gegenteil. Das Vokabular ist alles andere als respektvoll.
überwuzlt	nicht mehr jung
die Pfludern	alte Frau
die Schastromml	dicke alte Frau, der öfters ein Furz **(Schas)** entweicht
der Tatterer (sprich: *Dadara*)	alter Mann
der Krauterer	alter, meist auch sonderbarer Mann
ein Hoibhinicher	ein vom Tod Gezeichneter

der Gruftspion	alter Mann, der mit eineinhalb Beinen im Grab steht
die Bagasch	Kollektivbezeichnung für sozial tiefer Gestellte (französisch: **bagage** = Gepäck)
die Mischpoche	Geringschätzige oder spaßhafte Bezeichnung der Verwandtschaft. Das aus dem Hebräischen über das Jiddische nach Wien gelangte Wort **Mischpoche** kann je nach Betonung ganz unterschiedlich gemeint sein.
die Packlrass	Familie; Gesindel (abwertend)
die Blåsn	Gemeinschaft von Befreundeten oder Gleichgesinnten, die vorzugsweise in **Beisln** Schutz vor der rauen Welt suchen
die Partie	Im Bereich der manuellen Arbeit ist **die Partie** eine Arbeitsgruppe (z. B. **Maurapartie**), in besseren Kreisen eine Seilschaft mit einer Tendenz zur Korruption, z. B. **Buberlpartie.**

Ålle Menschen samma z'wida,
i mecht's in de Goschn haun.
Mir san ålle Menschen z'wida,
in de Goschn mecht' i's haun.
Våta, Muatta, Schwesta, Bruada,
und de gånze Packlrass.
Ålle Menschen samma z'wida,
wånn i Leit siech, geh i haß.
Kurt Sowinetz

In Wien gibt es eine Reihe unechter Verwandter. Dazu zählt der **Bettschwåga.** Die Verwandtschaft dieses speziellen Schwagers mit einer Dame entsteht durch den gemeinsamen **Polster** (Kopfkissen). Ihm nahe liegt die **Bettschwesta,** die aufgrund der weichen Aussprache des Wieners manchmal mit der **Betschwester** (Nonne) verwechselt wird.

Bei der **Urstrumpftant** handelt es sich um eine entfernte Verwandte, an deren Vorhandensein ernste Zweifel bestehen. **Des kånnst da Urstrumpftant erzähln!** (Das nehme ich dir nicht ab!)

Der **Pepi-Onkel** ist eine Qual, weil er ständig **plauscht** (schwadroniert), wohingegen die **Mizzi-Tant** lieber **Leut ausrichtet** (schlecht über sie redet). Beide sind sie **Gschaftlhuber** (Wichtigtuer), die nur **Schmonzes** (belangloses Zeug) reden.

Personen, mit denen man **verhabert** (befreundet) ist, sollen **hoitn** (halten). Je nach Zusammenhang bedeutet das Verlässlichkeit, sexuelle Treue oder Schweigen beim polizeilichen Verhör. Auszuschließen sind daher der leichtlebige, großsprecherische **Hallodri,** der unfähige **Nebochant,** der ständig klamme **Negerant** und der bösartige, durchtriebene **Haderlump.** Letzterer wird auch, männlich wie weiblich, als **Gfrast** bezeichnet. Die Steigerung ist **Gfrastsackl.** Zu vermeiden sind weiters der **Gschaftlhuaber,** der sich wichtigtuerisch in alle Angelegenheiten einmischt, der unaufhörlich redende **Dåmpfplauderer,** der pedantische **i-Tüpferlreiter,** der schmarotzende **Åbstauber** und jeder sonstige **Ungustl** (Unsympathler).

der Hawara	Freund
der Spezi / Spezl	enger Freund
der Hapschi	Freund in einer Beziehung

Alle drei Bezeichnungen existieren bislang nur in einer männlichen Variante.

Wie anderenorts existieren auch in Wien Szenen, deren Proponenten sich vorwiegend damit beschäftigen, was sie täten, wenn sie könnten, wie sie möchten, falls sie wollten.

An die Stelle des **Servus** tritt hier bei der Begrüßung oft **Wie hammas?,** was freilich niemanden interessiert. Auf die Frage **Wås rennt?** wird prinzipiell mit **nix** oder einem schlechten **Schmäh** geantwortet.

Man ist entweder euphorisch oder gelangweilt, was in beiden Fällen mit **ur-** ausgedrückt wird: **urleiwand** (spitzenmäßig), **urfad, urgeil, urkrånk** (ziemlich schräg), **urlässig.**

Ältere Semester steigern hingegen mit **wöd** (von: welt-): Ein interessanter Streifen ist **a wöd Füm** (ein klasse Film), und ein hübsches Mädchen ist **a wöd Hås.** Den absoluten Superlativ stellt dementsprechend **urwöd-** dar.

Adjektive werden mit **-mäßig** gebildet. Wer **aufrissmäßig unterwegs** ist, will anbandeln, wer **herzmäßig schlecht beinånd** ist, sollte derlei eher bleiben lassen. Die **Gschichterln** werden dabei nicht erzählt, sondern **druckt** bzw. wem **einidruckt.** Es herrscht also das Recht des Maulstärkeren.

I bin jå gråd so fernsehmäßig åm Checkn, vaschtest,
a Urkårl såg i euch,
åber mariemäßig a Niederlåge,
wånnst net bei da In-Partie bist.
(O-Ton Szenelokal)

Sperrstund is! Essen und Trinken

Eines der ersten Wörter, die ein Wiener Kleinkind beherrscht, ist das **Papperl** (Essen). Der erwachsene Wiener schätzt dieses **Papperl** umso mehr, je kalorienreicher es ist. Besondere Bevorzugung genießen deshalb sämtliche panierte Speisen (**Panier:** Ummantelung von Fleisch, Käse oder Gemüse durch Ei, Mehl und Weißbrotkrümel).

Vom beliebten **Båckhendl** (paniertes Huhn, in Öl schwimmend gebacken) leitet sich die Bezeichnung auf den damit gefüllten Wanst eines Wieners ab: der **Båckhendlfriedhof.**

Träger eines solchen gelten als **blad** (dick) oder **gfüllt** (ebenfalls: dick), und ihre Lieblingsbeschäftigung heißt **habern, eischneidn** oder **zwicken.**

Is(s)t der Wiener einmal nicht zu Hause, so geht er ins **Beisl.** Kehrt er dort regelmäßig ein, wird es sich zum **Stammbeisl** entwickeln.

das Beisl	Kneipe
der Brandinesa, der Brånntweina	Likörstube, Branntweinschenke
die Bumsn	übel beleumdetes Lokal
der Heurige	Buschenschank
die Hittn	jede Art von Lokal (Restaurant, Kafeehaus, Imbissstube ...)
der Kobara	Wirt
die Noblhittn	feines oder teures Lokal
das Tschecherl	kleines Lokal
das Tschoch	einfaches Lokal
die Tschumsn	mieses Lokal
den Weisl kriegn	Lokalverbot erhalten

Der **Mågnfoaplan** (Magenfahrplan = Speisekarte) gibt Auskunft darüber, an welchen Stationen Halt gemacht werden kann. Wir servieren sorgsam ausgewählte Teile und wünschen geistigen Appetit:

der Åpflkren	Soße aus Äpfeln und **Kren** (Merrettich), passt als Beilage zu Fleischspeisen
das Beinscherzl	Das Rindfleisch vom hinteren Teil des Rinds beliebt beileibe kein Scherz zu sein!
das Beiried	Teilstück des Rinderrückens, zwischen dem 1. und dem 6. Lendenwirbel
das Beuschl	Innereien (Lunge und Herz), serviert mit Semmelknödeln
die Blunzn	Blutwurst
das Bruckfleisch	Innereien vom Rind, die meist gedünstet und in pikanter Soße angerichtet werden
die Buchtln	würfelförmiges Gebäck aus Germteig, das mit Marmelade oder Vanillesauce gefüllt wird; tschechische Nationalspeise **(buchty)**
der Beuschlreißer	starke oder filterlose Zigarette
das Faschierte	gebratenes Hackfleisch
das Gebäck	Diese Sammelbezeichnung gilt für alle Mundbrotsorten wie z. B. **Semmel** (Schrippe, Brötchen) oder **Soizschtangerl** (ein mit Salz bestreutes Weißgebäck).
das Eiaschwammerl	Pfifferling
der Fleck	Flacher, auf einem Blech gebackener und mit Früchten belegter Kuchen, kann sich als Marillen- oder Zwetschkenfleck manifestieren. Unter **Fleck** wird aber auch die Brieftasche des kellnernden Personals verstanden!
das Gerschtl	Graupen; kann auch „Geld“ bedeuten

a Gmischta	Diese Kurzform für „gemischter Salat“ gilt jedoch nicht für Besuche beim Heurigen. Dort kann man nur einen **gmischtn Satz** trinken.
der Grammelknödel	Kartoffelkloß mit Griebenfüllung. Wenn es aber zwischen den Zähnen **grammelt** (knirscht, kracht), deutet dies dezent die Notwendigkeit eines Besuchs beim Zahnarzt an.
der Kaiserschmarrn	pfannkuchenähnliche kalorierenreiche Speise, wird zumeist mit einem **Zwetschkenrösta** (Pflaumenkompott) serviert
das Kalbsvögerl	es fliegt selten vom Teller, bezeichnet die ausgelösten Fleischstücke der Kalbsstelze (siehe **Stözn**)
die Kolatsche	Germteiggebäck, das meist mit **Topfn** (Quark) gefüllt ist
das Krenfleisch	Schweinefleisch mit Wurzelgemüse und **Kren,** isst man gern im Winter
das Meisl	Schulterstück vom Rind
der Kavalierspitz	dieses saftige Rindfleisch wird unter dem Schulterblatt herausgeschnitten
der Mülirahmstrudl	Milchrahmstrudel, eine beliebte Süßspeise mit dickflüssiger Vanillesauce
die Nockerln	Spätzle
die Palatschinke	Diese romanisch-slawisch-ungarische Wortschöpfung hat nichts mit einem Schinken gemeinsam, eher mit Crèpes oder Pfannkuchen.
der Powidl	Hierbei handelt es sich um ein auf der ersten Silbe betontes Pflaumenmus.
das Powidldatschkerl	Dieses schon bei der Aussprache süß klingende Gebäck ist ein Kartoffelteig mit Pflaumenkonfitürefüllung.

die Russn	marinierte Heringe
das Scherzl	Hier müssen wir genau unterscheiden: Einerseits ist das **Scherzl** das Endstück eines Brotlaibs – andererseits bezeichnet es den Fleischteil des Rindes zwischen den Hinterbeinen und den Hüften.
das Segedina	Szegediner Gulasch, Schweinsgulasch mit Sauerkraut
der Semmelkren	warme Soße aus **Kren** und aufgeweichten Semmeln
das Schlågobas	Schlagsahne. Das Wort „Sahne" sollten Sie in Wien vermeiden.
das Schlegel	Keule
der Schmarrn	In der Pfanne gebackener zerstoßener Teig aus Mehl, Eiern und Milch; man unterscheidet zwischen Kaiserschmarrn, Erdäpfelschmarrn und Semmelschmarrn.
die Stözn	In der austriakischen Kulinarik hat der unterere Teil des Beines eines Kalbs oder Schweins einen eigenen Namen erhalten.
die Schweinsstözn	heißt auf Deutsch „Eisbein"
der Striezl	längliches, geflochtenes Hefegebäck
das Teilsame	geselchtes Schweinefleisch (nicht vom Bauch)
das Tellerfleisch	Nicht viel schiefgehen kann bei dem mit Rindsuppe und Kren servierten gekochten Rind- oder Schweinefleisch.
der Tafelspitz	die in Wien hochgeschätzte Rinderhüftspitze

die Topfnpalatschinke	Wird oft nur in Form des Kürzels **Topfnpala** ausgesprochen; nur ungenügend zu übersetzen mit Quark-Crèpes. Die Wanderung des Wortes begann im alten Rom mit **placenta** (Kuchen) über das rumänische **plăcintă,** das zur ungarischen **palacsinta** und zur tschechischen **palačinka** wurde, welche die böhmischen Köchinnen mit Begriff und Rezept nach Wien brachten.
Zibeben	Wer keine **Zibeben** (Rosinen) im Kuchen mag, sollte dies dem Kellner rechtzeitig sagen!
der Topfnstrudl	Käsesahnetorte
Vanillekipferl	Das kipfelförmige Mandel- oder Nussgebäck ist einer der Höhepunkte der Wiener Küche.
das Vintschgerl	zweiteiliges Roggengebäck
das Wurzelfleisch	Dieses Schweinefleisch wird mit viel Wurzelgemüse gekocht.
der Zwetschkenrösta	Pflaumenkompott

Gerne bestellt der Wiener **a Wiena,** woraufhin er ein Schnitzel erhält. **A Wiena um 5 Euro!** lautet der Schlachtruf des Wirts, der sein Mittagsmenü um 14 Uhr noch loswerden will. Dabei ist zu beachten: 1. **A Wiena** ist stets sächlich. 2. Kostet es 5 Euro, handelt es sich um ein Schweinsschnitzel. Im Falle des Kalbsschnitzels würde der Wirt rufen: **A echtes Wiena is no då.** Ein solches ist um einiges teurer als das normale **Wiena.**

Falsch ist hingegen die Annahme, **a Wiena** sei ein halbes Paar Würstchen. Diese Wiener heißen in Wien nämlich **Frånkfurta.** Wer davon nur ein Stück verzehren will, ordert einen **Einspänner.** Doch auch hier lauert eine Verwechslungsgefahr, wie Sie im Kapitel über das Wiener Kaffeehaus nachlesen können.

A PAARL FRÅNKFURTER, BITTE!
SIAß ODA SCHOAF?!
Wiener Küche
Zipfer Bier
FRANKFURTER
LEBERKÄS
WIENER

das Burnhäutl	Kurz **Häutl** genannt, ist eine rätselhafte, undefinierbare Wurst, die sich jedoch höchster Beliebtheit erfreut und gerne mit dem Schüttelreim **Huanbeidl** bestellt wird (mehr dazu im Kapitel „Schmäh und Streit").
die Jausn	Mahlzeit zwischendurch, Vesper
die Käsekraina	Um den Namen dieser Wurst mit Käsefüllung weiterhin verwenden zu dürfen, war ein Rechtsstreit mit Slowenien notwendig. Die Krain liegt bekanntlich in Slowenien, gehörte aber bis 1918 zur k.u.k. Monarchie.
der Kren	Der Meerrettich kommt sprachlich wie viele andere Produkte der Wiener Küche aus dem Tschechischen.
der Leberkas	Die beliebte Zwischenmahlzeit hat weder mit Leber noch mit Käse zu tun, sondern mit Fleischresten, die zu einer amorphen Masse verarbeitet wurden.
siaß oda schoaf? *Süß oder scharf?*	Die an Hamlet gemahnende Frage des Würstlstandlers bezieht sich auf die Art des Senfs

Einen noch höheren Stellenwert als das Essen genießt das Trinken. Oft gelten üppige Mahlzeiten bloß als **Unterlåg** (Fundament) für noch üppigeres Trinken. Da sich der Wiener aber nicht gerne als Alkoholiker bezeichnen lässt, wendet er verschiedene Methoden der Rechtfertigung an.

Bei Biertrinkern ist an heißen Sommertagen die meteorologische Methode besonders beliebt. **Zwaradreißg Krügel im Schåttn** heißt so viel wie: Zweiunddreißig Grad Celsius. Hitze wird also in **Krügeln** (ein Krügel = ein halber Liter Bier) gemessen. Das **Seidl** (ein Drittel Liter Bier) wird als meteorologisches Maß hingegen nicht verwendet.

Das Hauptgetränk des Wieners ist jedoch der Wein, vor allem der **Veltliner** (Weißweinsorte). Um diesen zu trinken, pilgert er gerne zum **Heurigen.** Das Ergebnis solcher Besuche sind Räusche in verschiedenen Ausprägungen.

das Achterl	Der Achtelliter ist traditionell die kleinste ausgeschenkte Menge in Lokalen des Stadtgebietes. Sollte man Ihnen irgendwo Gläser mit 0,1 l anbieten, verlassen Sie das Lokal möglichst rasch. Der **Kobara** stammt vermutlich aus Wanne-Eickel und hat keine Ahnung von Wiener Weintraditionen.
ångstrudelt sein	ein kleines Räuschlein haben
åweschwabn	ruckartig hinunterkippen
bipperln	trinken, vom lat. **bibere**
der Bsuff	Alkoholiker
dippln	trinken
der Doppla	Zweiliterflasche mit Wein
eitrankln	Jemanden dazu bringen, mehr zu trinken, als er eigentlich vorhatte. Beispiel: **Bist du deppert, den homma gestan eitranklt.**
im Öl sein	hoher Trunkenheitsgrad
fett	hoher Trunkenheitsgrad
voifett *vollfett*	sehr hoher Trunkenheitsgrad, die höchste Stufe ist:
blunznfett	„blutwurstmäßig betrunken“
der Fetzn	schwerer Rausch, der zu motorischen Einschränkungen führt
das Gschlåder	Ein schlechtes Getränk. Kommt vom mittelhochdeutschen „Sloda“, einer Mischung aus Wasser und Lehm, aus der Gott laut der Bibel Adam formte.
der Gspritzte	mit Sodawasser verdünnter Wein

Der **Gspritzte** wird grundsätzlich in einem Viertel-Glas serviert und erfreut sich höchster Beliebtheit, weil man zügig trinken kann, ohne gleich umzufallen. Beim Heurigen ist es üblich, eine Flasche Soda oder Mineral zu ordern und selbst zu spritzen. **Guat gspritzt** bedeutet dabei einen möglichst kleinen Wasseranteil. Beim **Sommerspritzer** überwiegt hingegen der Wasseranteil klar. Der **Kaisaspritzer** besteht schließlich aus Weißwein, Mineralwasser und einem Schuss Holunderblütensirup. Der trendige **Aperolspritzer** entsteht aus je einem Teil Weißwein, Aperol und Mineralwasser mit ein, zwei Scheiben Orange.

der Hådern	schwerer Rausch
den Håhn kriagn	Lokalverbot **ausfassen** (bekommen)
der Hecknklescha	saurer Wein
die Hülsn	Flasche Bier
das Lackerl	eine besonders geringe Flüssigkeitsmenge
der Liter	Begibt man sich in Gesellschaft zum Heurigen, wird Wein in Karaffen (ein Liter Füllmenge) bestellt.
der Öük	Alkohol
die Rauschkugl	Ständig Betrunkener. Wenn eine **Rauschkugl** für Nachwuchs sorgt, spricht man von einem **Rauschkind.**
das Reiseachterl	Ein allerletztes Achtel Wein, um sich für den Heimweg zu wappnen. Es wird in der Regel dreimal bestellt.
ins Röal blåsn	einen Alkotest machen
schledern	besonders zügig trinken
das Schweigl	Dieser mittlere Rausch führt zu besonderer Redefreudigkeit.

der Schwips	leichte Trunkenheit
das Schwipserl	Die Wirkung auf den Trinker wird nur von engen Freunden wahrgenommen.
der Schwül	im Gegensatz zum **Schweigl** wortkarg bei gleicher Intensität
das Sechzehnablech	die Bierdose, die von der im 16. Bezirk liegenden Ottakringer Brauerei eingeführt wurde
das Stehåchtl	Ein im Stehen an der Bar oder am Tresen getrunkenes Achterl. Das **Stehåchtl** gibt es selten im Singular.
der Sturm	Der in Gärung befindliche Traubensaft zeitigt, je nach Gärungsstadium, verheerende Wirkungen in Hirn und Darm.
tameln *taumeln*	Verlust des Gleichgewichtssinns erleiden
der Trankla	Gewohnheitstrinker
si umhåckn *sich umhacken*	Alkohol konsumieren, bis sich der Gleichgewichtssinn verflüchtigt; auch: **si wegrama** wegräumen, **si zuaschweißn** zuschweißen
das Vierterl	Ein Viertelliter, Grundeinheit beim Heurigen
voaglün *vorglühen*	Alkohol trinken, um für ein Ereignis (Feier, Rave etc.) in Stimmung zu kommen
der Weinbeißa	Genusstrinker
der Weindippla	Gewohnheitstrinker
den Weisl kriagn	Lokalverbot bekommen (oder vom Partner verlassen werden)
zua sein *zu sein*	Diese alkoholinduzierte generelle Verschlossenheit führt zur Unempfänglichkeit bei Kommunikationsversuchen.

Die **Sperrstund** ist schließlich das Schlimmste, das einem Zecher passieren kann. Individuelle Sperrstunden-Regelungen ermöglichen es jedoch, Nächte **durchzumåchn,** was auch als **Drara** (von drehen) bezeichnet wird. Die **Sperrstund** wird auch metaphorisch für den Abgang aus dieser Welt verwendet, wobei es Gerüchten nach **im Himml ka Sperrstund gibt.**

Zum Schluss wollen wir den Meistertrainer Ernst Happel zitieren, der über seine Geburtsstadt berichtete: **In Wien sind natürlich die Tage lang, aber die Nächte sind so kurz! Ich komme immer erst um drei, vier morgens nach Hause.** Vielleicht war deshalb Happel in Wien nur kurz als Trainer tätig?

Zehn Deka Grammln bittschön! Einkaufen in Wien

Natürlich gibt es in Wien, wie überall zwischen Madakaskar und Alaska, jede Menge Luxusgeschäfte im Stadtzentrum. In diesen wird jedoch nebst dem Fernsehdeutsch eher die englische Sprache bevorzugt, in manchen Shops können Sie auch auf Russisch oder auf Arabisch reüssieren.

Der Wiener Dialekt hat sich in den kleinen Läden erhalten, die früher einmal **Greißla** waren, heute als „Nahversorger“ angepriesen werden, wobei unklar bleibt, was Fernversorger sind. Zu den kleinen Läden und Betrieben gehören:

der Bäck	Hier finden Sie Mehlspeisen, Kaffeearten sowie Tratschpartner.
der Fleischa (Fleischhocka)	Metzger

In der Landesinnung der **Fleischhacker** sind mehr als 50 Fleischer angemeldet. Rechnet man die Fleischer in den Supermärkten und die Standler auf den Märkten weg, bleiben nur mehr sehr wenige über.

Beim **Fleischhocka** erhält man zum Beispiel die **Blunzn** (Blutwurst). Sie besteht aus gekochtem Fleisch (traditionell vom Kopf), weichgekochter Schwarte, Speck, Semmelbröckerln, Salz, Gewürzen und etwa 20 Prozent Blut. Die Gewürzmischung ist meist ein wohlgehütetes Geheimnis der Schlachter, auf jeden Fall gehören aber Pfeffer und Majoran dazu, zumeist auch Piment und Nelkenpfeffer. Weitere Spezialitäten sind **die Grammln** (Grieben) und **das Verhåckerte:** kein Hackfleisch, sondern eine kalorienreiche Mischung aus Schweinefleisch, Schmalz und Gewürzen.

die Kondi	Konditorei
der Schneida	Sein Laden heißt heute meist „Änderungsschneiderei".
der Trafikant	In der Tabak-Trafik erhält man Zigaretten, Zeitungen, Lose, **Partezettl** (Todesanzeigen). Seit dem 1.9.2018 dürfen sie auch Kaffee anbieten, den man aber vor dem Geschäft konsumieren muss!
der Uhrmåcha	verkauft und wechselt heute zumeist nur noch die Knopfbatterie

Einkauf

Beim Einkaufen ist darauf zu achten, dass Mengenangaben nicht in Gramm, sondern in Deka erfolgen, wobei gilt: 10 Gramm = 1 **Deka (gramm).** Pfund sind ebenfalls verpönt; man begehrt an **hoibn Eapfln** (ein Pfund Kartoffeln). Und erhält prompt 60 Deka mit den Worten: **Passts eh so?** (Das geht doch in Ordnung?) Bei den **Grammln** reichen Ihnen garantiert schon zehn Deka.

Sie können freilich auch **a Trumm** (großes Teil) von etwas erwerben, **a Eckerl** (Stückchen), **a Fuzerl** (kleines Teil) oder **a Äuzerl** (sehr kleines Teil).

Wenn Sie zufrieden sind, ist es das Verkaufspersonal noch lange nicht und fragt: **Derfs a bisserl mehr sein?** Nur wenige Kunden wagen es, mit „nein" zu antworten. Der Mehrwert entspricht praktischerweise dem Trinkgeld, das man beim Wirt hinterlässt.

Den Wein kauft man in **da Boutön** (Bouteille), **der Doppla** (Doppelliterflasche) ist bereits in der Liste der aussterbenden Arten eingetragen. Beim Bier wird **a Kistn** (ein Kasten) bevorzugt, sollte diese zu schwer sein, könnte ein **Sechsatragerl** (Sixpack) reichen. Heimgetragen wird der Einkauf schließlich im **Sackl**

(Tüte). Das **Plastiksackl** ist wegen seiner meeresvernichtenden Eigenschaft längst verpönt. **Papiersackl** und **Stanitzl** (kegelförmige Papiertüte) werden nun eher genutzt.

Neben den Geschäften warten in Wien eine Menge Märkte auf Sie. Der größte und bekannteste ist der Naschmarkt. Früher war am **Naschmarkt** die **Fratschlerin** (Marktweib) tätig. Berühmte Fratschlerinnen am Naschmarkt waren die **Maschansker-Kadel,** die **Krawall-Minerl,** die **Fischkopf-Reserl** und die **Haverschesser-Maridl.** Von letzterer hieß es, sie sei ein Ausbund der Verwegenheit, keine zehn Männer konnten sie bändigen, keine Patrouille konnte sie arretieren.

In einem Altwiener Volkslied von Franz Böhm heißt es, basierend auf der Doppelbedeutung von **Birn**, einmal als Frucht und das andere Mal als **Watschn**:

Drüben am Naschmarkt auf der Wieden
geht ein Stutzer promenier'n
Und sagt zu ana bladen Standlerin
„He, was kosten deine Birn'?"
„Na vier Kreuzer", sagt d Frau Sali
zu dem Stutzer net verleg'n.
Doch der wü ihr für das Nagerl
bloß zwa Kreuzer niederleg'n.
Bumsti! Hat der eine Ohrfeig'n
und die Sali sagt zu ihm:
„Siagst, auf der Lahmgruab'n
und auf der Wieden
san die Birn halt sehr verschieden."

Heute geschieht Ihnen nichts mehr am Naschmarkt. Sie zahlen vielleicht einmal zu viel, werden also **angschmiert;** Stammkunden erhalten dafür **a Wengerl extra** (etwas mehr). Und wenn Sie die Muttersprache des Verkaufspersonals sprechen, werden Sie besonders zuvorkommend behandelt. Empfehlenswert sind Russisch, Hebräisch, Türkisch, Chinesisch, Vietnamesisch … Sie müssen nur beim sprachlich richtigen Stand das Gespräch eröffnen.

Speziell auf den Märkten sind folgende Bezeichnungen angebracht:

der Åmtsschimml	sturer Beamter, dem die Vorschrift heilig ist
das Banklgschwoda	Redeschwall des Fleischers bei der Kundenbedienung
die Beåmtnforelln	Knackwurst
die Bramburi	Kartoffeln. Das Wort stammt aus dem Tschechischen und leitet sich ab von Brandenburg, wo diese in großem Umfang angepflanzt wurden.
der Eapfl / die Eapfln	„Erdäpfel" ist die verbreitete österreichische Bezeichnung für Kartoffeln.
das Eiaschwammerl	Pfifferling
die Fisolen	grüne Bohnen
die Fleckerln	Diese viereckige Nudelform hat von ihrer Konsistenz nichts mit einem Fleck zu tun. Den erhält man übrigens in der Schule, wenn man einen **Fünfer** schreibt!
der Fierant	Markthändler
die Fratschlerin	alte Bezeichnung für Standlerin
der oder die Germ	Backhefe. Dank ihres Wirkens können **Germknödel, Germteig** und **Germkrapfen** entstehen.
der Guglhupf	Pfannkuchen
der Gusto	Appetit: **I håb an Gusto auf a Palatschinken.**

die Heidelbeere	Blaubeere
der Holla	Holunder. Wer jedoch **an Holla** redet, spricht ausnahmslos Stumpfsinn.
die Kohlsprosse	Röschen des Rosenkohls
die Kolatschen	tschechische Nationalspeise **(koláč)**, ein **Tascherl** aus **Germteig**, zumeist mit **Topfn** gefüllt
das Krauthappl	Kohlkopf. Diese Bezeichnung wird auch für den berühmten güldenen Schmuck auf der Secession in unmittelbarer Nähe des Naschmarkts verwendet.
die Marün (Marille)	Aprikose
die Maroni	Edelkastanien
die Mezzie	eine einmalige Gelegenheit (Das Wort kommt aus dem Jiddischen und wird auf der zweiten Silbe betont.)
das Mohnbeugl	Mohnhörnchen
die Nockerln	Spätzle mit geriebenem Käse
das Obers	Sahne
der Paradeisa	Tomate
das Powidl	Pflaumenmus
der Radi	Rettich
der Schöps	Hammel
das Schwammerl	Pilz
der Topfn	Quark
an Topfn redn	ausgemachten Unsinn reden
das Wurzelfleisch	Schweinefleisch mit viel Wurzelgemüse gekocht
der Zölla	Sellerie

Selbst für Eingeborene kaum zu durchschauen, ist die Vielfalt der Bezeichnungen für jene Leckereien, die weiter nördlich als süße Stückchen zumeist nur pauschal Beachtung finden. Da gibt es poetische **Linzer Augen,** geistvolle **Punschkrapferln** sowie eine unüberblickbare Zahl von **Kipferln** (Hörnchen), **Schnecken** und **Krapfen.** Dazu kommen die in Österreich weltbekannten **Schwedenbomben,** zarte **Kokosbusserln** (Kokosmakronen), **Biskotten** (Löffelbiskuit), **Schaumrolln** (mit Schlagobers gefüllte Rolle aus Blätterteig), angezuckerte arme Ritter **(Pofesen)** sowie der zuletzt meist der sprachlichen Korrektheit zum Opfer fallende **Mohr im Hemd.** Mahlzeit!

Sehnsucht nach der heilen Welt: Das Wiener Kaffeehaus

Laut dem Journalisten Egon Erwin Kisch (1885-1948) ist das Kaffeehaus „sozusagen eine Wohnung, die man nicht haben muss, wenn man das Kaffeehaus hat". Nachgewiesenermaßen wurden in Wiener Kaffeehäusern bereits Romane verfasst, Symphonien komponiert, meisterhafte Schachpartien gespielt (etwa von Leo Trotzki), Reden geschwungen, Duelle ausgetragen, Kriege überlebt, Revolutionen geplant (ebenfalls Trotzki), Ehen und Scheidungen gestiftet, Firmen gegründet und Konkurse abgewickelt.

Es wurden Kinder geboren und vermutlich auch Kinder gezeugt. In Kaffeehäusern kann man Billard spielen und das WLAN nutzen, die unwichtigsten Zeitungen der Welt lesen und die Steuererklärung schreiben. Und man kann Kaffee trinken.

Bestellen Sie aber **niemals** „einen Kaffee". Angesichts der Vielfalt des Angebots offenbaren Sie sich damit als Banause. Schlimmer ist nur der Wunsch nach einem auf der ersten Silbe betonten „Kännchen Kaffee", der zart besaitetes Personal zum Heulen und Zähneknirschen bringen kann. Um sich derlei Peinlichkeiten zu ersparen, berücksichtigen Sie bitte:

Es heißt ausschließlich und immer endbetont: **Kafféé.**

„Einen Kaffee" kann man nicht ordern, sondern nur seine Manifestationen, wie den **kleinen Braunen,** den **großen Braunen,** den **Kapuziner,** die **Melange** etc. Zwecks Vermeidung einer kulturellen Blamage sollte man zumindest die folgenden Arten kennen.

Schwarzer oder Mokka

Der Espresso ohne Milch wird als **kleiner Schwarzer** oder **großer Schwarzer,** vulgo **Doppelmokka** bestellt. Mit dem nachgestellten Zusatz **kurz** ordert man einen stärker konzentrierten Kaffee, der mit wenig Wasser zubereitet wird.

Brauner

Den Espresso mit einem Kännchen Obers gibt es als **kleinen Braunen** oder **großen Braunen.** Ein **verlängerter Schwarzer** ist ein Mokka in einer großen Schale, die mit heißem Wasser aufgegossen wird. Beim **verlängerten Braunen** wird der Mokka in einer großen Schale mit heißem Wasser aufgegossen und es kommt Obers dazu.

Kapuziner

Der **Kapuziner** ist ein doppelter Mokka mit Schlagobers.

Melange

Eine **Melange** (sprich: *Melaunsch*) besteht aus einem leicht verlängerten Espresso mit warmer, geschäumter Milch und einer kleinen Haube aus Milchschaum in einer großen Schale.

Cappuccino

Der **Cappuccino** ist mit der **Melange** sehr nahe verwandt und besteht aus je einem Drittel Kaffee, heißer Milch und heißem Milchschaum.

Schale Gold

Eine **Schale Gold** ist eine Melange in einer kleinen Mokkaschale.

Franziskaner

Der **Franziskaner** ist Melange mit Schlagobers anstelle des Milchschaums.

Einspänner

Beim **Einspänner** handelt es sich um einen Mokka im Glas mit einer umfangreichen Haube aus Schlagobers. Dazu gibt es Puderzucker. Der Name stammt von den Kutschern der einspännigen Pferdefuhrwerke, die den Kaffee durch das Obers schlürften, während sie mit der anderen Hand die Zügel führten.

verkehrter Kaffee

Der **verkehrte Kaffee** besteht hauptsächlich aus Milch und Milchschaum, die einen Espresso weitgehend neutralisieren. Es handelt sich dabei um den ursprünglichen **Latte macchiato** ohne den Firlefanz der getrennten Schichten.

Mokka gespritzt

Der **Mokka gespritzt** wird mit etwas Rum oder Weinbrand angereichert. Der aus Italien zugewanderte **Corretto** besteht aus einem Espresso mit einem Schuss Grappa. Manchmal werden auch Varianten wie **Corretto al Cognac** angeboten.

Keinesfalls im klassischen Kaffeehaus, aber möglicherweise in einem zeitgeistigen Coffee-to-go-Shop bekommen sie ein **Gschlåder.** Von dem damit bezeichneten schwachen und schlechten Kaffee in einem Plastikbecher wenden sich die Wiener mit Grausen ab. In Wirklichkeit ist alles noch viel komplizierter. Rudolf Weys hält in seinem Sketch „Die Kellnerprüfung“ fest:

Man unterscheidet achterlei Arten „Melange“. Die häufigst vorkommende ist die „mit Schlag“. Es gibt aber auch hier „mit ohne“, ferner „passiert“ oder „mit Haut“, dann „mit Haut und mit Schlag“, „mit Haut und ohne Schlag“, „ohne Haut und mit Schlag“ und schließlich „ohne Haut und ohne Schlag“.

Unumschränkter Herrscher des Kaffeehauses ist der **Oberkellner,** kurz: **Ober.** Er darf schwarze Anzüge tragen, Bestellungen aufnehmen, kassieren, Liebeshändel steuern und Gäste gegebenenfalls maßregeln. Gerufen wird er: „Herr Ober!“ Nach hundert Besuchen: „Herr Franz!“ Nach tausend Besuchen: „Franz!“ Ihm untersteht der **Zuträger,** ein gewöhnlicher Kellner, der alles darf, was ihm der Ober befiehlt.

Weitere Professionisten wie Rosenverkäufer, Zeitungsverkäufer etc. sind nicht im Kaffeehaus beschäftigt, tauchen jedoch periodisch dort auf, um ihre Waren anzupreisen und die Gäste aus dem Schlummer zu rütteln. In diese Kategorie fallen auch Spendensammler für die Heilsarmee, Schmuckanbieter sowie – in den Randbezirken – Kleinhehler.

Jedes Kaffeehaus hat seine Stammgäste. Der Schriftsteller Alfred Polgar nennt sie Bewohner, sein Kollege Friedrich Torberg

Insassen. Beides deutet darauf hin, dass man sie sich nicht aussuchen kann. Das musste auch Polgar feststellen, als sich ein begeisterter Leser ungefragt an seinen Tisch im Café Central setzte, um ihn mit Fragen zu löchern. Nach einiger Zeit zahlte Polgar und verließ das Lokal. Der Bewunderer folgte ihm bei Fuß und fragte: „Und in welche Richtung gehen Sie?" „In die andere", knurrte Polgar und ward nicht mehr gesehen.

Tipps fürs Kaffeehaus

Seit 2011 gilt die Wiener Kaffeehauskultur als nationales immaterielles Kulturerbe der UNESCO. Damit dies so bleibt, beachten Sie bitte die folgenden Hinweise:

Ja, die Titelsucht der Wiener gibt es, aber im 21. Jahrhundert spricht die Gäste niemand mehr per **Frau Dokta** oder **Hea Geheimrat** an. Wer darauf Wert legt, ist peinlich.

Auf banale Wortspiele bei der Bestellung ist tunlichst zu verzichten. Wer mit „Lieber ein großer Schwarzer als ein kleiner Brauner" oder ähnlichen Kalauern reüssieren möchte, sollte als Alternative das **Beisl** am Eck, den **Heurigen**, das **Tschocherl** (vgl. das Kapitel „Essen und Trinken") ... oder eine andere Stadt in Betracht ziehen.

Zeitungen dienen der Verbreitung von Informationen, nicht von Bakterien und Viren. Daher ist beim Blättern vom **grindigen** (ekligen) Bespucken der Finger Abstand zu nehmen.

Wer lautstark über das empörende Liebesleben des Stiefschwiegersohns schwadroniert, **geht anderen am Zeiger** (nervt). Bevor sich jemand **aufpudlt** (aufregt), lassen Sie das Telefonieren im Kaffeehaus lieber bleiben.

?

Geschäftsmann in Eile:
Ist die Zeitung frei?

mögliche Antworten

Stammgast:
Das möcht i bei dem Blattl ernsthaft bezweifeln.

Pülcher und Kiebara: Die Wiener Unterwelt

Alles hat seinen Preis. Die Folgerung daraus lautet: Nur was gut **gschmiat** ist, läuft auch zur Zufriedenheit. Schon Ferdinand Raimund schrieb in seinem „Verschwender“ die entscheidenden Worte: „Des Werkl ghört gschmiert, dass guat rennt.“

Entscheidende Zahnräder im **Werkl** (Getriebe) sind Politiker, Beamte und Stadionordner. Sie alle wollen Geld, um jene Leistung zu vollbringen, für die der Konsument bereits bezahlt hat.

Schmiern erspart man sich bisweilen durch vorteilhafte Herkunft, prominente Bekannte (Politiker, Wirtschaftstreibende u. ä.) und / oder durch das richtige Parteibuch (oder auch mehrere).

Wie überall besteht auch in Wien die **Galerie** (Unterwelt) aus den Guten und den Bösen. Was im Hochdeutschen Strolche sind, differenziert sich in Wien zu **Strizzis, Beißa** und **Pülcha.** Die Verhältnisse sind jedoch nicht klar. Als in Wien eine bekannte Zeitung über die guten Kontakte eines hohen Kriminalbeamten zur Unterwelt berichtete, konnte dies nur eines zur Folge haben: Protest und Klage auf Rufschädigung seitens der Galerie.

Das Berufsethos der beiden Gruppen illustriert eine Schnurre: Bei einer Reportage über die **Taschlziager** (Taschendiebe) in der U-Bahn wurde dem Autor von der Polizeidirektion ein Undercover-Mitarbeiter vorgestellt: „Des is der beste Taschlziager in Wien! Der arbeit' für uns!"

2018 beschloss der Innenminister in seiner unergründlichen Weisheit, Wiens Polizei um eine Reiterstaffel zu erweitern. Da der Polizist die Befehlsgewalt über seinen vierbeinigen Kollegen ausübt, muss er diesen an Intelligenz übertreffen. Aus diesem Grund wird er laut Innenministerium länger geschult als sein Pferd. Das nötige Vokabular bei Kontakten mit der Unterwelt lautet:

åbeißn *abbeißen*	Strafe empfangen: **Der håt oadentli åbissn.**
die Åchta	Handschellen
åkragln	jemandem den Hals umdrehen, ermorden

Die Formulierung **åkragln** ist der landwirtschaftlichen Gepflogenheit im Umgang mit Hühnern entlehnt.

åpåschn	fliehen, ausbrechen
åstian	jemanden bestehlen, ohne große Fingerfertigkeit anzuwenden, vorwiegend bei Betrunkenen praktizierte Methode
sich beulisian	fliehen

bedient	**Den hams oandlich bedient.** Damit ist keineswegs die Höflichkeit der Wiener Kellner gemeint, sondern das voll ausgeschöpfte Repertoire der Körperverletzung. **Bedient** kann aber auch das dafür vorgesehene Strafausmaß bedeuten.
beseibln, betakln	betrügen
blitzn	Zeche prellen
der Brandler	Jemand, der durch gezielte Äußerungen Streit entfachen will (Ränkeschmied). Dagegen riecht es nach Gefahr, wenn es **brandelt.**
der Brilla	Brilliant
der Bruch	Einbruch
der Deckl	amtsärztliche Konzession für Prostituierte
der Dschumpas	Gefängniszelle
eisackln *einsacken*	jemanden verhaften: **Den håms eigsacklt!**
eiwakn *einweichen*	verhören

Wie die Wäsche können auch Personen eingeweicht werden. Anstelle von Schmutz will man hier Informationen rausholen. **Eigwakt** wird sowohl von der Polizei als auch von Ganoven. Erlaubt sind alle Mittel, die der Amtsarzt nicht feststellen kann.

die Exekution	Pfändung (Keine Angst vor solchen bürokratischen Maßnahmen, außer Sie sind der Betroffene!)
der Fåhrer	durch einen scharfkantigen Gegenstand hervorgerufene Wunde im Gesicht

der Fallot	Gauner
faschiern	jmd. dermaßen bearbeiten, dass seine Körperkonsistenz der von **Faschiertem** (Hackfleisch) gleicht
der Fisch	Springmesser, Gegensatz zum
der Feitl	Taschenmesser
fladern	leichte Form des Diebstahls
der Flieda	Geld
frank / frånk	Ehrlich. Ein **Frankist** verdient sein Geld auf ehrliche Weise.
die Gatschn	Person, die keine Geheimnisse bewahren kann
der Giatl	der Gürtel (Außen-Ringstraße)
die Giatlhua	Prostituierte mit ständigem Standort am **Giatl.** Der Gürtel (die Außen-Ringstraße) ist ein beliebter Standort der **Pferderln.**
grean	Unangenehm: Die Feststellung **grean is** kann sowohl eine allgemeine Zwickmühle wie eine Falle bedeuten. **A Greane** ist eine verdächtige Angelegenheit, bei der man leicht **eifoan** (den Kürzeren ziehen) kann. Die Bezeichnung leitet sich von der Farbe der Polizeiuniform ab.
das Gsiberl	geheimer Brief im Gefängnis
der (das) Häfn	Gefängnis (Wer den **Häfn** gut von innen kennt, wird **Häfnbruada** genannt.)
das Häfnpeckerl	Gefängnistätowierung
die Heh	umfassende Bezeichung für alle Arten von Polizei
Herr / Frau Råt	Ganovenbezeichnung für Richter / Richterin
der Kas	Justizwachebeamter, Gefängniswärter

der Kelch (Köch):	Handfeste Streiterei; daher das einzige Gefäß, das der Wiener nach dem Motto „Herr, lass diesen Kelch an mir vorübergehen" von sich fern hält. Auf die Frage **Wüst an Köch!?** ist daher mit einem unbedingten und freundlichen „Nein" zu antworten.
der Kiebara	Kriminalpolizist, auch **Kiebara** oder **Kriminesa**
der Klitsch	Schlüssel zur Gefängniszelle
net koscher	eine Person oder Sache, die verdächtig wirkt, also nicht **frånk** ist
die Kråchn	Feuerwaffe
kriagn	Der Paragraph, nach dem man verurteilt wird, also **sein Schmoiz ausfåsst.** Zum Beispiel: **I håb an Åchtatåchzga kriagt.** (§ 88: fahrlässige, schwere Körperverletzung)
das Kriminäu	Gefängnis
der Lackiate	Opfer eines Betrugs
's Landl	Das **Landesgericht** im achten Wiener Gemeindebezirk. Hier wird geurteilt und auch verwahrt.
die Linke	Wenn jemand **a Linke måcht,** begeht er einen Verstoß gegen ein Gesetz.
måchn	Die meisten Delikte werden nicht begangen, sondern **gmåcht:** Man **måcht an Bruch, an Postla, an Taxla** etc.
die Macheloikes	krumme Geschäfte
der Mistelbåcha	Polizist (In der Polizeikaserne des Weinviertler Ortes Mistelbach erhielten weiland die Polizeischüler ihre Grundausbildung.)
das Moos	Geld
der Peitscherlbua	Zuhälter, der seine **Pferderln** auf Trab hält

perlustrian	durchsuchen
das Pferderl	Hure
die Plåttn	Bande, Gruppe
die Puffn	Handfeuerwaffe
in die Scheibn greifen	Juwelen entwenden, ohne die Geschäftsauslage korrekt (zu) öffnen
das Schmoiz *Schmalz*	richterlich verfügte Strafe (Wie dick dieses **Schmoiz** aufgetragen wird, hängt vom Ermessen des Gerichts ab.)
die Schmier	Polizei
Schmier stehen	achtgeben auf allfällig auftauchende Polizei (wesentliche Voraussetzung für gutes Gelingen)
der Schmu	Betrug
speibn	erbrechen (im Jargon: beim Verhör gestehen)
der Spinåt-wåchta	Polizist
der Stoss	ein Wiener Hasardspiel, nach dem Motto: „alles oder nichts"
stiftn geh	abhauen, fliehen
der Strawanzer	unehrlicher Mensch, Verbrecher
der Taschlziager *Taschenzieher*	kunstfertiger Taschendieb
der Tinnef	wertloses Zeug
der Wickl	entspricht dem **Kelch** und leitet sich von den Umschlägen **(Wickln)** ab, mit denen die Kontrahenten nach geschlagener Schlacht verarztet werden
der Zores	Ärger

'S Preserl net vergessen! Liebe, Sex und der Körper

Nicht nur wenn im Prater die Bäume blühen, werden die Wiener **ånlassig** (geraten in einen ausgeprägten Brunftzustand). Bisweilen resultiert daraus etwas **fias Heaz** (tiefe Gefühle). Die Säulen der Wiener Schule sind der **Scham** (Charme) im vorerotischen Stadium sowie die „Die skandalösen Bekenntnisse der Josefine Mutzenbacher" (s. Bücherliste) im erotischen Stadium.

Möglicherweise wird jemand ganz **wurlat** (kribbelig, erregt) beim Anblick eines anderen Menschengeschöpfes. Dabei kann es sich u. a. um einen **feschn Riegl** (stattlichen Mann) bzw. ein **Restl** (athletisch gebautes Schwergewicht) handeln, aber auch um eine **fesche Gretl** (gut aussehendes Mädchen) mit an **liabn Gfries** (hübschen Gesicht) bzw. eine **guat gstöte** (gut gebaute) **resche Oide** (Frau mit etwas herber Ausstrahlung).

Resch und fesch zu wirken, ergibt eine hervorragende Basis für einen **Aufriss** (erfolgreiche Anmache). Vor allem muss man aber **a Gschpia håbn** (die Sensibilität, den richtigen Riecher). Wird ein Mann als **Feschak** (schöner Mann) bezeichnet, sind ihm anerkennende Blicke sicher. Die **guatn** oder **liabn Håsn** (hübsche Hasen, Mädchen) liefen in Wien schon lange vor Playboy herum. Dabei gilt: Ein **Hås** wird auch als **Kåtz** bezeichnet.

Hat man schon länger ein Objekt im Auge, ist man **schoaf auf de Oide** oder **den Hawara.** Das macht die Person zu **ana schoafe Oidn** bzw. **an schoafn Tüpn.** Ein solcher kann natürlich auch ein **Wårma** (Schwuler) sein.

Streichobjekte firmieren unter **Tråmpl** oder **Kråmpn** (plumpes bzw. hässliches Frauenzimmer). Ihre männlichen Pendants siedeln meist in den Grobkategorien **Wixa** (Selbstbefriediger) und simpel **Trottl.**

Eine beliebte Warnung der Mütter an ihre Töchter lautet **låss di net vazahn** (verführen). Denn wie rasch ist der gute Ruf im Eimer, wenn es heißt, **de hupft mit an jedn in d Hapfn** (die geht mit jedem ins Bett). Immerhin müssen sie nicht auf die **Fångeisn** (Eheringe) warten wie vor hundert Jahren.

Zunächst aber geht es darum, Spannungen aufzubauen. Am besten geht das bei einem **Randl** (Rendezvous). Mit **bråtn** bekundet man sein Interesse. Man kann jemanden **åbråtn** sowie bei jemand **bråtn** oder **einebråtn.** Wenn wer **schirch einebråt** (wörtlich: hässlich flirtet), ist das nicht unbedingt negativ. Es bedeutet nur, dass das Begehren für die Umgebung offenkundig ist. Wer das **Bråtn** besonders gut beherrscht oder ständig betreibt, ist ein **Bråta.**

Weiteres Vokabular:	
åbehaun	betrügen
die Ansapania	die beste Kleidung (vor allem bei Männern)
aufgansln	Ein potenzieller Liebespartner wird scharfgemacht, bis er eine Gänsehaut hat.
aufreißn	verführen
aufmascherln	aufdonnern, sich attraktiv kleiden (vor allem bei Frauen)
aufzwicken	kennenlernen (**aufzwicken** kann auch im nicht erotischen Kontext verwendet werden)
ein Bâchana	abwertend für einen Homosexuellen
si einehaun *sich reinhauen*	sich unter Einsatz aller möglichen Schmeicheleien bei jemandem beliebt machen
fusserln	versteckte Kontaktaufnahme mit den Füßen unter dem Tisch

das Gspusi	Verhältnis
das Techtlmechtl	Affäre

Typen bei erotischen Spielen sind etwa:	
das Drescherl	unterwürfiger Partner, Masochist (von **dreschn** in der Bedeutung „prügeln")
das Glubschi	großäugiges, bewunderndes Mädchen, Groupie
der Tuara	aktiver
und der Lossa	und passiver Homosexueller
das Pantscherl	Affäre
der Pudarant	Lustmolch
der Spånna	Voyeur
der Spechtla	Voyeur
das Vaserl	unbedarfter, unerfahrener Mensch jeden Geschlechts (Das **Vaserl** auf der ersten Silbe betonen!)

Wird zur erotischen Hauptaktion geschritten, stoßen wir auf die intimeren Körperteile. Das Stoßen selbst wird oft als **pudern** (ficken) oder **schnackseln** (vögeln) oder **schuastan** (bumsen) bezeichnet. Das Wort „Geschlechtsverkehr" wollte übrigens schon Karl Kraus, der sprachliche Großmeister Wiens, wegen seiner Hässlichkeit verbieten lassen.

Bei mehr als zwei beteiligten Personen spricht man von **rudlpudern.** Wenn man **üba jemand drübasteigt,** drückt das eine gewisse Verachtung aus. Wichtige Wörter sind:

der Beidl	Schwanz
der Beidlråtz	Filzlaus
der Beidlschnüra	Stringtanga für Männer
der Brunzbuschn	Schamhaare

das Brunzwimmerl	Miniaturpenis
das Duttl	weibliche Brust
der Duttlzipf	Brustwarze
die Eia	Hoden
die Fut	Vulva
der Futhusar	Filzlaus
das Futlapperl	Schamlippen. Wenn eine **mit den Futlapperln påscht,** ist sie notgeil.
der Genussspecht	Genießer
die Genusswurzl	Penis
die Gspaßlaberln	Busen
das Popscherl	ein süßes Hinterteil
das Probiaspatzal	kleiner Penis
die rote Katl	Menstruation
ein guata Schlecka	ein für den Cunnilingus Begabter
der Schmuserant	Anhänger von zärtlichem Sex
das Tschuri	Ejakulat
der Tschurifetzn	Tuch zum Entfernen des Ejakulats
wixn	masturbieren, onanieren
der Ziagl	Koitus. Vorangestellt kann die Anzahl der Beteiligten werden: **Dreiaziagl** etc.
die Zwetschkn	lieblicher Busen oder kleiner fester Hintern

An **Gschråppn baun** (ein Kind zeugen) sollte man nur in familienplanerischer Voraussicht, darum ist zumindest das Mitführen eines **Preserls** (Präservativs) angesagt. Von **Rauschkindern** spricht man nach Zeugung in der Folge eines Heurigenbesuches.

Wia a Brettl im Bett sollte keine Frau sein, der Mann aber sollte achtgeben, dass **er's voi** (voll) **bringt.**

Sind die Partner häufig zusammen, spricht man vom **Gspån** (Gespann). Wie ein Pferdegespann befinden sie sich immer auf gleicher Höhe. Das fehlende Zaumzeug machen sie wett durchs **Handerlhoitn** (Händchen halten).

Ein geeigneter Partner könnte bei Weiterbestand des Verhältnisses in Form einer Ehe **a guate Partie** sein. Diese muss jedoch nicht zwingend a **leiwande** (Spaß verheißende) **Partie** sein.

Die Eheleut, müssen gute Zähnd haben,
denn sie müssen gar oft etwas verbeißen.
Abraham a Sancta Clara (1644-1709, Prediger in Wien)

Auch das Ende erotischer Beziehungen ist Ritualen unterworfen: **ålahna** bedeutet „jemanden anlehnen“, also ihm den Laufpass geben.

Die Formulierung **den Håhn gebn** kommt aus der Wirtshaussprache und steht für das prinzipielle Lokalverbot. In der Beziehung gleichbedeutend mit Beischlafverbot; man darf nicht mehr hinein.

Es gibt auch die zeitweise Trennung einander Liebender. Auf Bahnhöfen **wachlt** (winkt) man in diesem Fall meist mit einem **Schneiztiachl** (Taschentuch). Nachher **reat** (weint) man demonstrativ in selbiges hinein.

Eher abschreckend wirken Figuren, die mit folgenden Eigenschaften ausgestattet sind:

die Betonståmpfa	dicke Beine
blad	dick
der Gössamuskl	Bierbauch
der Gfüllte	dicker Mensch
die Glurn	glotzende Augen
der Kakausprudla	Mann mit dünnen Beinen

der Oawaschlkaktus	abstehende Ohren
die Pappn	großes Mundwerk

Bei solchen Menschen rennt dauernd die **Pappalatur**, sie haben **a Goschn wia r a Schwert.**

der Pfrnak	große Nase
der Plutza	großer Kopf
schirch	hässlich
die Wåmpn	dicker Bauch
a Zwirnblada, a Zwirnblade	dünner Mensch

Spüt's auf! Musik und Fußball

Eine beliebte Redewendung lautet: **Des is ka Kunst!** Dies darf nicht als abwertende Äußerung gegenüber moderner Kunst verstanden werden, sondern drückt die Fähigkeit des Wieners aus, Probleme des Alltags zu meistern, ohne sich stets an die Vorschriften zu halten. Diese Haltung finden wir auch beim Urbild des Wiener Musikanten, dem **Lieben Augustin.** Selbiger war im 17. Jahrhundert ein **lustiga Kampl** (fideler Bursche), der gern einen über den Durst trank. Selbst eine Nacht in der Grube mit den Pestleichen konnte ihn nicht aus der Fassung bringen. Bis heute kreisen viele Wienerlieder um a) den Wein und b) den Tod. Das hört sich historisch beispielsweise so an:

Es wird a Wein sein,
und mir wern nimmer sein. (...)
'S wird schöne Maderln gebn,
und mir wern nimmer leben.

In den 1970ern schrieb Joesi Prokopetz für Wolfgang Ambros die Zeilen:

Dort hinten bei der Marmorgruft,
durt stengan zwa Skelette.
Die stess'n mit zwa Urnen on
und saufen um die Wette.

Und 2016 gab dann der **zuagraste** (nicht in Wien geborene) Voodoo Jürgens seiner Fröhlichkeit mit den Zeilen Ausdruck:

Heit taunz ma mit die gräßten Freind
und schenken eana reinen Wein.
Jo, heite grob ma Tote aus.

Wer über Musik mitreden möchte, sollte folgendes Vokabular berücksichtigen:

der Bauerntschäss *Bauern-Jazz*	traditionelle ländliche Blasmusik
das picksüaße Hölzl	Klarinette
dudln	wienerische Art zu jodeln; von den **Dudlarinnen** praktiziert
der Fotzhobl	Mundharmonika
das Gschtanzl	Lied mit vierzeiligen Strophen, meist im Dreivierteltakt vorgetragen

Die Bezeichnung **Gschtanzl** kommt vom italienischen **stanza** (Strophe). Beispiel für ein **Gschtanzl:**

De Maura san a Leit,
de baun hoch und nieda,
vadienan a Göd
und vasaufns glei wieda.

die Klåmpfn	Gitarre
die Lamentiergådan	Harfe (veraltet)
das Mauraklavier	Ziehharmonika (veraltet)
die Quetschn	Ziehharmonika (Akkordeon)
das Schnadahüpfl	ein anderes Wort für **Gstanzl**, auch: instrumental vorgetragene Gstanzl-Melodie
Schrammeln	Die traditionellen Wienerlieder gehören zur **Schrammelmusik**, die auch Tänze und andere Instrumentalstücke umfasst. Die Bezeichnung **Schrammeln** geht auf die Geiger und Komponisten **Johann und Josef Schrammel** im 19. Jh. zurück. **Schrammeln** werden bis heute die Ensembles beim **Heurigen** genannt.
die Schwassapartie	Hardrock-Band
das Stromruada	E-Gitarre
Tschin-Bumm-Musik	abwertende Bezeichnung der jeweils modernen Musik durch die jeweils vorige Generation
die Tschinön	Tschinelle, Becken (Schlaginstrument). **Tschinön** ist auch ein Wort für „Ohrfeige".
die Umtatamusi	traditionelle ländliche Blasmusik
der Zeigla	Schlagzeuger

Saitenverschwindung

„Jetz is a o", sogt da ane,
und da zweite schaut.
„Jetz is e a o", sogt da easte,
und da zweite schaut und spüd.
„Jetz is ge e a o", sogt a easte,

und da zweite spüd und spüd.
„Leiwaunds solo", sogta nocha,
„hot mi gfreid."
Gabriele Müller

Fußball

Auch beim Fußball liebt der Wiener eher die Schönheit als die pure Kraft. Dieses Verständnis von Sport zeigt sich beim **Aufgeign** (Aufgeigen, Tricksen), das der Wiener als Zweck des Fußballspiels begreift. Nur armselige Handwerker glauben, beim Fußballspiel auch Tore schießen zu müssen. Hingegen muss man einem bewährten Kicker acht bis zehn strategische Meditationspausen während eines Fußballspieles gönnen.

Lange ehe die Spanier mit ihrem tiqui taca brillierten, pflegten in den 1930ern die Wiener das **Scheiberlspü** (Kurzpassspiel auf engstem Raum). Ihr Wunderteam – identisch mit der österreichischen Nationalmannschaft – war jahrelang unschlagbar. Spiele gegen Deutschland wurden mit 5:0 und 6:0 gewonnen. Die

Akteure des Wunderteams waren zumeist **zuagraste Behm** (eingewanderte Tschechen) und hießen Schesta, Smistik, Zischek, Urbanek, Bican.

Inbegriff des **Scheiberlns** war der aus Mähren zugereiste Matthias Sindelar. Ein sogenanntes **Zniachtl** (schmächtiger Mensch) mit knapp über 60 kg. Das elegante Austricksen mehrerer Gegner erschien ihm nicht selten verlockender als der Zug zum Tor.

Der ebenfalls aus Mähren zugereiste jüdische Trainer des Wunderteams Hugo Meisl war ein überzeugter und ernsthafter Gegner des Scheiberlspiels. Als auf der Heimreise nach einer miesen Partie Hugo Meisl brüllte und tobte und sich die letzten Haare ausriss und die rhetorische Frage stellte, was wir denn beim nächsten Spiel besser machen müssten, meinte der ruhige Matthias Sindelar: **Naja, mia kenntaten mehr Scheiberl spün.**

Krawallforscher, Aspiranten der Soziologie und Absolventen der Sprachwissenschaft sollten das Wiener Derby Austria gegen Rapid besuchen. Dringend erforderlich ist dabei die Kenntnis folgender Wörter:

ånrauchn	sehr kräftig schießen
ånreißn	kräftig schießen
åstaubn	einen vom Tormann abgewehrten Ball über die Linie bugsieren
aussteign lassen	Austricksen des Gegenspielers
der Außnpracka	Außenverteidiger
der Ballestara	jeder, der die gefühlvolle Art der Wiener Ballbehandlung versteht und derart **ballestert**
der Ballschani	Balljunge
die Bäck (Böck)	Fußballschuhe (Einzahl: **der Bock**). Die **Bäck** werden am Ende der Kicker-Karriere an den berühmten Nagel gehängt oder auf eBay versteigert.

das Bummerl	Tor, das man bekommt. Eine Sonderform des **Bummerls** ist das **Steirertoa** oder **Steirergoi,** bei dem der Tormann ostentativ nicht reagiert.
der Eiatormånn	ein Goalie, der regelmäßig **Steirergois** bekommt
die Easte	Kampfmannschaft
der Eisnhaxn	brutaler Verteidiger
der Feasla	Pass mit der Ferse
die Fettn	Effet des Balles
gabaln	Jonglieren des Balles mit den Füßen
das Goi	Goal
die Gurke gebn	Dabei wird dem Gegner elegant der Ball durch die Beine geschoben.
häkln / häkaln	Gegenspieler ausspielen und necken oder verarschen
der Hådern	Gewaltschuss. Übrigens: Man **reißt** einen **Hådern.** Oft geht der Ball dabei in die **Galerie** (Tribüne) und wird nicht mehr gesehen.
der Jausngegna	inferiorer Gegner
der Knipsa	steht stets im gegnerischen Strafraum und trifft regelmäßig, weil ihn der Gegner irgendwann aufgrund seiner Unauffälligkeit vergisst
der Korna	Ecke, Eckstoß (Corner)
das Labal, die Wuchtl	Ball
a Leibal håm, a Leibal reißn	für die Mannschaft ausgewählt werden; im weiteren Sinn: Erfolg haben
der Nudlkick	grottenschlechtes Spiel

rasiern	unbeabsichtigtes tangentiales Treffen der **Wuchtl**
der Schiri	Schiedsrichter
der Schraubn	Selbigen hat man **gekriegt** oder **kassiat** man, wenn man beim Endstand von 0:8 mit eingezogenem Kopf vom Platz geht.
der Stanglpass	Sonderform der Flanke. Der Ball wird von der Seite flach zur Torstange gespielt.

Ein unfähiger Spieler wird **Torstånganbewässara** genannt. Der Linienrichter ist der **Wachler** oder gar der **Out-Wachler**. Ein **Wadlbeißer** ist ein unterlegener Spieler, der zumeist die Waden des Gegners trifft.

Ernst Happel, der erst als Stopper (gab es ehedem) bei der Rapid, sodann als Trainer in den Niederlanden, Belgien und Deutschland erfolgreich war, sagte stets auf Pressekonferenzen: **Haut's eich in Schnee!** (im Sommer), **Haut's eich in Koks!** (im Winter), **Wir brauchen Spieler von bestimmtem Format: 80 Prozent Hirn, 20 Prozent Technik. Heute sind es oft 20 Prozent Hirn ohne Technik** (während der übrigen Jahreszeiten).

Raunzn und Dulliö: Stimmungen

Der Wiener geht davon aus, dass die Welt schlecht ist und jede übertriebene Aktivität alles nur noch schlimmer macht. Diese Haltung, **Grant** genannt, hat etwas Buddhistisches an sich. Das zeigt sich auch beim gebetsmühlenartig vorgetragenen **Raunzn,** einer plappernden Nörgelmeditation über die Fehler Gottes und der Welt. Die beliebtesten Themen sind **de Monna** (Männer), **de Weiba** (Frauen), **de Marie** (das Geld), **des Wetta** (Wetter) und **de Bolitik** (Politik).

Dabei gilt das Prinzip: Jeder raunzt für sich alleine. Auch in Gruppen dienen die Beschwerden des Einzelnen nur als Startsignal zu einer allgemeinen Raunzerei, bei der jeder mit weinerlicher Überzeugung sein eigenes Schicksal als das schwerste von allen darstellt. Gelungene Raunztiraden erinnern an Rap-Nummern, die mit halber Geschwindigkeit abgespielt werden.

Die Welt sieht der Wiener als **Ringlgspü** (Karussell). Da sitzt man zwar bequem auf einem lackierten Pferd und hört Musik – letztlich ist es aber nur die Luxusvariante des Hamsterrads:

Immer wieder fährt man weg
und draht sich doch am selben Fleck.
Man kann sagen, was man will,
schön ist so ein Ringelspiel!
(Musik: Hermann Leopoldi, Text: Peter Herz)

Dem Zustand der traurigen Inaktivität und seinen Ursachen ist ein reiches Vokabular gewidmet. Eine treffliche Beschreibung lautet: **knotzn wia r a stinkerts Gsöchts.** Die wörtliche Übertragung „apathisch herumsitzen wie ein Stück verdorbenes Kassler" erfasst den damit verbundenen Zustand nur ansatzweise. Nach ausführlichen Diskussionen mit führenden Linguisten steht für uns fest, dass einzig das Finnische einen adäquaten Ausdruck besitzt, nämlich das Substantiv **kalsarikännit.** Dieses wird für „in Unterwäsche daheim hocken und sich betrinken" verwendet und legt die Vermutung nahe, dass die melancholischen Finnen eigentlich Wiener sind. Oder umgekehrt. Weitere existenzielle Beschreibungen lauten:

im Oarsch sein	sehr schlechter Stimmung sein, Pech gehabt haben
a fades Aug håbn	sich langweilen
ångfressen, ångspeist, ånpapperlt sein	alles satt haben, bzw. etwas Spezielles satt haben
ångriert sein	a) aktuell gekränkt sein; b) stets mimosenhaft empfindsam sein
auf da Dackn liegn	am Boden zerstört sein
bedient sein	körperlich oder geistig nicht auf der Höhe sein
betropezt	betrübt
damisch	verwirrt
dasig	leicht verwirrt oder schwindlig
fix und foxi	völlig fertig
das Geseire	die Jammerei
das Gfrett	Mühsal, Verdruss
si gfrettn	die Mühen des Lebens auf sich nehmen
ein Gsturi	eine Sorge
ein Gwirks	Problem, unangenehme oder verfahrene Situation, oft verstärkt als **a echts Gwirks**
den Huat draufhaun	etwas aufgeben oder bleiben lassen
keppln	vor sich hinschimpfen, zanken
kraupert	unleidlich
lahmlackat	träge, faul, inaktiv
letschat	schlapp, müde
matsch	sehr müde, zerschlagen
måtschkern	kaum vernehmbar fluchen, sodass anwesende Autoritäten es nicht merken; auch: sich aufregen
ins Noankastl schaun	gedankenverloren blicken (ins Narrenkästchen; was immer das sein mag)

nebn de Schuach gehn	am Ende sein, neben sich stehen
patea (paterre) sein	am Boden sein
pomali! / Schön pomali!	Immer mit der Ruhe!
powidl	egal
åm Sånd sein	eine ausgewachsene Depression oder schwere finanzielle Pobleme haben
sudern (Betonung auf der ersten Silbe!)	In verbalem Selbstmitleid ertrinken. Wer dies regelmäßig tut, ist ein **Sudarant.**
tramhappert	schlaftrunken, zerstreut
umadumlanan	untätig herumlungern
umadumtuan wia r a Piksima	Nichts weiterbringen. Wer wie ein Piksiebener (die Spielkarte Pik sieben) herumsteht oder schaut, versteht nicht, was vor sich geht.
wurscht	Egal. Dem Wiener ist grundsätzlich alles **wurscht** mit Ausnahme seines Hundes. Dem Hund wiederum ist vor allem das Verbot, die Straßen vollzukacken, **wurscht.**
zsåmmprackt sein	deprimiert sein

Im Unterschied zum Deutschen läuft der Wiener nirgends hin. Bestenfalls **hatscht** (geht er schleppend) oder **latscht** (schlurft) er. Wenn er wohin **kräut** (kriecht), befindet er sich auf einem nicht vermeidbaren Weg:

> **I muass heut auf de Krånknkassa kräun.**
> Heute muss ich zur Krankenkasse.

Wird der Wiener aus seiner Lethargie gerissen, um Entscheidungen zu treffen, ist er meist im **Wiglwogl** (unentschlossen). Ein Zitat aus einem Sketch von Carl Merz und Helmut Qualtinger mag das illustrieren:

Freund: **Was, Travnicek, glauben Sie, weswegen Sie zur Wahl gehen?**

Travnicek: **Weil i an Zettel krieg?**

Freund: **Nein! Der Politiker braucht den Kontakt mit dem Volke. Durch diesen Zettel erfährt er, was Sie als Wähler von ihm halten.**

Travnicek: **Des kann i auf'n Zettel aufschreiben?**

Freund: **Nein, dann ist er ungültig!**

Wenn man den Wiener jedoch zu sehr reizt, vergisst er am Ende sein Phlegma und kriegt **an Murdstrumm Gachn** (einen Riesenzorn) und es kann zu einem **Wickl** oder **Kelch** kommen. Zum Thema **Kelch** siehe auch Kapitel „Die Wiener Unterwelt“! Zumindest entsteht ein **vawoadacklta** (verunstalteter) **Ballawatsch** (Wirrwarr), der einen **Bahöö** (lautstarken Aufruhr) zur Folge hat.

si åhaun lachen
sich abhauen

si aufpudln	sich aufregen
duachdrahn	durchdrehen
auszuckn	ausflippen
fäun	sehr schlecht gelaunt sein
jemånd åfäun	auf den Geist gehen
fäun auf	Jemanden / etwas als Geißel der Menschheit betrachten. **Fäun auf jemånd:** Zur Vermeidung ernsthafter Konflikte wird dabei im Normalfall über Abwesende gesprochen. **I fäu aufn Frånz** (Ich bin stinksauer auf den Franz) lässt den Schluss zu, dass sich selbiger gerade nicht im Raum befindet.
fuchtig	wütend
gfäut	minderwertige Sache oder unangenehmes Ereignis: **a gfäute Geschicht**

Schmäh ohne? I hau mi å.
Echt jetzt? Ich lach mich scheckig.

Mia geht des Gimpfte auf!
Mir geht das Geimpfte auf!
Grad der Erregung, bei dem der Zorn die Impfnarben aufsprengt.

an Gizzi håbn	Zorn, Stinkwut haben. **Gizzi** kommt vermutlich vom italienischen **guizzare** (flackern, zucken).
ha(r)b sein	sauer sein auf jemanden
haß rennen *heiß laufen*	sehr wütend werden
krawutisch	sehr wütend
si magerln	sich kränken
pfitschigogerln	für dumm verkaufen

Wolln S' mi pfitschigogerln, oder was?
Wollen Sie mich für dumm verkaufen, oder was?

an Pick håbn (auf jmd.)	jemanden auf dem „Kieker" haben, von **pique** (frz. Spieß)
in Såft gehen	zornig werden
si wås vakiefln	sich etwas verkneifen, etwas nicht aussprechen, zumeist, weil man sich in der unterlegenen oder untergebenen Position befindet
si zakugln	heftig lachen

Manchmal ist der Wiener freilich auch **guat drauf** (gut gelaunt). Dann lacht und scherzt er, macht sich also einen **Kårl** (einen Spaß) – und singt über den Tod:

Ein Mensch, der einen Åffn håt,
is meistns kreuzfidö;
drum gibt's auch in da Wienerstådt
fast immer an Bahöö.
Bei mir is des gråd umgekehrt,
direkt katastrophal,
wann mir a Räuscherl s Herz beschwert,
werd i sentimental!
Dånn fålln mir d'Pompfinebra ein,
ich seufz in mich hinein:
I brauch kan Pflanz, i brauch kan Glanz,
i brauch ka schäne Leich.
I komm a ohne Kranz
genausoguat ins Himmlreich.
(Musik: Hans Frankowski, Text: Karl Leibinger)

an Åffn håbn	beschwipst sein
der Dulliö	beschreibt die wundersame Schräglage nach einigen Vierteln Wein, in welcher sich der Wiener pudelwohl, unverwundbar und stark fühlt
der Dulliöbruada	Bruder Leichtfuß, Zechkumpan
die Gaudi	Eine Gaudi ist ein Spaß; man kann sie haben oder sich machen.
die Låchwurzn	fröhlicher Mensch
der Juchaza	akustisch vermittelte unbegründete Gefühlsaufwallung, die in etwa dem Jodler des Älplers entspricht
kreuzfidö	sehr ausgelassen
kudan	kichern, lachen
leiwand	Keine reflektierende Fläche, sondern eine positive Zuschreibung. Sind damit mehrere Menschen gemeint, handelt es sich um eine **leiwande Partie.** Die Steigerung ist **urleiwand.**
der Mulatschak	nächtliche Umtriebe, die mit einem Besäufnis, unter Umständen auch mit einer Geschlechtskrankheit enden
die Remasuri	ausgelassene Feierlichkeit, bei der **wås los is:** eine Hochzeit, ein Brückeneinsturz etc.
der Puschkawü	ein fröhliches Durcheinander
die Spompanadln	Faxen
übadrüba	sehr ausgelassen
in da Wön	ie Welle, in der sich die so charakterisierte Person befindet, wurde zumeist durch den Genuss von Alkohol oder Haschisch hervorgerufen. Der Schritt ist dem hohen Seegang entsprechend.

Die Räte-Demokratie: Ämter und Behörden

Ich bin Bürgermeister, nicht Gott.
(Ex-Bürgermeister Michael Häupl zur Erwartungshaltung der Wiener)

Aus der Tradition der Monarchie kommend, durchdringt ein barockes Geflecht von Verordnungen, Beschließungen und Gesetzen das gesamte öffentliche und private Leben. Dieses Geflecht ist so komplex, dass sich 1. keiner mehr auskennt und 2. wenige daran halten.

Das sind Weanagsetz sagte man bis um 1900 zu magistratischen Verordnungen oder amtlichen Bestimmungen, um die sich kurze Zeit nach ihrer Erlassung keiner mehr kümmerte.

Wir betrachten in aller Stille den Lärm. Grob kann man Lärm je nach Quelle in vier Kategorien unterscheiden: Verkehr, Gewerbe, Baulärm und Lärm unter Nachbarn. Baulärm ist zwischen 20.00 und 6.00 Uhr in Wien grundsätzlich verboten. Ausnahmen sind möglich, etwa wenn die Bauarbeiten ebenso grundsätzlich nur in der Nacht möglich sind. Allgemeiner Verkehrslärm ist größtenteils zu akzeptieren, besondere Belästigung wie etwa durch aufheulende Motoren jedoch nicht. Betroffene können etwa absichtliches Motorengeheul mit Schimpftiraden beantworten. Der Lärm wird dadurch noch größer und noch verbotener.

Komplizierter wird es beim Wohnen: Eine dezidierte Ruhezeitregelung gibt es in Wien grundsätzlich nicht, es hat sich jedoch die Zeit zwischen 22.00 und 6.00 Uhr als besondere Ruhezeit etabliert. Allerdings können individuelle Regeln, etwa die Hausordnung oder Vereinbarungen in Kleingartensiedlungen, die Ruhezeiten extrem ausdehnen. Zudem ist der Betrieb von Gartengeräten mit Verbrennungsmotoren am Sonntag teilweise gestattet. Dabei kann es jedoch je nach Stadtgebiet unterschiedliche Definitionen des Begriffs des ortsüblichen Gebrauchs geben.

Ob Rasenmäherroboter eingesperrt werden können, ist noch nicht gerichtlich entschieden. Diese und ähnliche Regelungen führten übrigens dazu, dass die heimische Landwirtschaft als erste und einzige Planwirtschaft auf westlichem Boden bezeichnet wurde. Die semiotische Ebene, auf der die Bürokratie Farbe und Sprache bekennt, ist das Straßenschild.:

Neustiftgasse 9

„In dem 1809 erbauten Haus wohnte von 1985 bis 1988 der Personalvorstand der Niederösterreichischen Landesregierung, Vortragender Hofrat Dr. Karl Klein, Verfasser des bundesweit richtunggebenden niederösterreichischen Personalgesetzes. Sein Leben war selbstlos und gütig."

Landstraßer Hauptstraße Nr. 31

In diesem Haus wohnte Ludwig van Beethoven im Jahre 1817.

An dieser Stelle befand sich das Haus, an dem oben stehende Gedenktafel ursprünglich angebracht war.

Fleischmarkt 9

„Fussgeher Achtung auf das Fuhrwerk! Schrittfahren! Schwerfuhrwerkskutscher haben die Pferde am Zügel zu führen oder eine erwachsene Begleitperson zur Warnung der Fussgänger voranzuschicken."

Strohgasse 28, Ambulatorium der Gebietskrankenkassa:

„Wir wünschen baldige Genesung.
Gilt nicht am Donnerstag".

Erfüllter Traum

Am 12. Juni 1900 versteckte Sigmund Freud in einem Brief an Wilhelm Fließ ein Anliegen hinter einer Frage. Er schrieb: „Glaubst du eigentlich, dass an dem Hause dereinst auf einer Marmortafel zu lesen sein wird: 'Hier enthüllte sich am 24. Juli 1895 dem Dr. Sigmund Freud das Geheimnis des Traumes.'?" Es dauerte noch bis zum 6. Mai 1977, bis die herbeigewünschte Tafel mitten in den Weinbergen, wo das Hotel Bellevue gestanden hatte, enthüllt wurde. Zuvor hatten eifrige Beamte den Vorschlag gemacht, die Gedenkstätte doch an einer belebteren Stelle zu errichten, wo man sie besser für den Tourismus vermarkten könne. Worauf Harald Leupold-Löwenthal als Präsident der Sigmund-Freud-Gesellschaft konterte: „Dann befestigen wir doch die Tafel irgendwo im Stadtzentrum, vielleicht an einem Haus in der Kärntner Straße, und schreiben darüber: 'In diesem Haus enthüllte sich am 24. Juli 1895 dem Doktor Sigmund Freud das Geheimnis des Traumes nicht.'"

Titelbarock

Ebensfalls aus der Monarchie stammend, hat sich ein wucherndes Geflecht an Titel und Berufsbezeichnungen erhalten, das Wien zur ersten und einzigen konservativen Räte-Republik macht. Die entsprechenden Titel werden entweder mit dem Hintern ersessen oder durch die Leistung erworben, Freunde in den zu vergebenden Gremien zu haben. Gesichert ist das Vorkommen von:

Amtsrat — Hofrat — Kanzleioberkommissär
Kanzleikommissär — Kanzleileiter — Kanzleioffizial
Kanzleirat — Kommerzialrat — Magistratskommissär
Magistratsrat — Ministerialrat — Oberamtsrat
Obersenatsrat — Ökonomierat — Rat
Regierungsrat — Sektionschef — Senatsrat
Studienrat — Verwaltungsoberkommissär
Verwaltungsoffizial — Wirklicher Hofrat

GUCK vor einer Tür mit der Aufschrift „Eintritt bis auf Widerruf verboten"

GUCK: **Herr Rat! Aufmachen!**

BEAMTER ohne aufzumachen **Was ist denn?**

GUCK: **Der Weltuntergang kommt!**

BEAMTER: **Nur zwischen 9 und 2 Uhr. Jetzt is ka Parteinverkehr.**

(Jura Soyfer: Der Weltuntergang)

Sollten Sie nun glauben, Sie kennen sich aus, irren Sie gewaltig. Erst in der Anwendung auf die verschiedenen Berufsgruppen findet diese abstrakte Rätesystem seine konkrete Erfüllung. Dadurch kommen zustande: Veterinärräte, Bauräte, Forsträte, Geräte etc. Deren Erhöhung ist nun nicht etwa der Veterinäroberrat, sondern der Oberveterinärrat bzw. der Oberstadtbaurat. Eine Ausnahme bildet der Forstoberrat. Karl Farkas konstruierte, streng die semantischen Regeln der Rätedemokratie befolgend, den Oberzahnradbahnbahnrat.

Um das Titelsystem nicht zu kompliziert erscheinen zu lassen, wurde auf die Darstellung der Sonderdezernenten, Sonderreferenten und obligatorischen Inspektoren in halbwegs frommer Absicht verzichtet.

Daneben existieren Berufstitel. Dies sind laut Bundesverfassung „Titel, die eine berufliche Tätigkeit hervorheben, kennzeichnen und zur Auszeichnung für besondere Leistungen im Beruf bestimmt sind“. Beispiele: Ökonomierat, Kommerzialrat, Unrat. Der Titel Professor aber ist in 97 Prozent aller Fälle nicht auf Leistungen im Berufsleben zurückzuführen, vielmehr lässt sich jeder Lehrer einer Schule mit Abiturmöglichkeit so ansprechen. Um eine fremde Person sicher nicht zu beleidigen, empfahl es sich früher, sie von vornherein mit **Herr** oder **Frau Dokta** anzusprechen. Die nachgestellten Titel und das Gendern haben die Wiener_x_innen so verwirrt, dass sie das bleiben ließen.

Himmlische Hilfe

Na bumsti!
(Adäquate Reaktion auf eine schlechte Nachricht)

Wenn alle Instanzen durchlaufen sind, bleibt nur mehr die Anrufung höherer Mächte. **Marantana!** seufzt der Wiener, und zieht damit Maria und ihre Mutter Anna zu einem Wort zusammen. **Kruzitürken!** flucht er in Erinnerung an die evangelischen ungarischen Hilfstruppen der Kuruzen bei der Türkenbelagerung Wiens 1683.

Letztlich ist der Wiener zumeist aber weder ein **Kerzlschlucker** noch ein **Ölbergindianer** (beides: frömmelnder Mensch). Einen leichtgläubigen Naivling nennt er **Christkindl.**

Und rhetorisch fragt er, wer einem denn helfen soll: **Der heilige Bimbam?**

Der **Papst Locherl** hat gleich mehrere Funktionen. Zunächst charakterisiert er einen Mitleid erregenden und / oder kranken Menschen: **Der kommt daher wia da Papst Locherl.** Weiters drückt er starken Zweifel an einer Behauptung aus: **Erzähl das, bittschön, dem Papst Locherl!** Und schließlich kommt er ins Spiel, wenn Kinder eine Missetat abstreiten: **Und wer war das nachher – der Papst Locherl?**

Am Ende aller Tage bleibt nur mehr das **Salzamt.** Zu dieser legendären und unauffindbaren Behörde werden Staatsbürger geschickt, nachdem sich alle anderen Behörden für nicht zuständig erklärt haben.

Die schöne Leich': Sterben in Wien

Man stirbt nicht einfach in Wien, man **gibt den Löffel åb,** um anschließend bei einem möglichst prunkvollen Begräbnis als **schöne Leich** auf einem der zahlreichen Friedhöfe von dieser Welt zu verschwinden. Eine derartige Veranstaltung umfasst unter anderem Ansprachen professioneller Leichenredner, Trauerlieder, dargeboten von Mitgliedern des Staatsopernchores (der deshalb am Abend bisweilen heiser klingt) sowie post festum einen magenfüllenden Leichenschmaus. Die Hinterbliebenen haben dafür tief in die Tasche gegriffen, man will **si nix nåchsågn låssn** (keine schlechte Nachrede haben).

Eine beliebte musikalische Verabschiedung ist das aus Ferdinand Raimunds Theaterstück „Der Verschwender" stammende „Hobellied":

Zeigt sich der Tod einst mit Verlaub
und zupft mich: „Brüderl, kumm!",
da stell' ich mich am Anfang taub
und schau mich gar nicht um.
Doch sagt er: „Lieber Valentin,
mach' keine Umständ', geh!",
dann leg' ich meinen Hobel hin
und sag' der Welt ade.

Beim **Leichenschmaus** in einem der zahlreichen Gasthäuser beim Friedhofseingang versammeln sich danach Freunde, Bekannte und zufällig im Gasthaus anwesende Alkoholiker, die für ein Viertel Wein Lobpreisungen auf den oder die Verstorbene produzieren. Demnach ähnelt eine **Leich** eher einer Komödie als einer Tragödie, wie auch folgendes altes Wienerlied beweist:

Wånn i amoi stirb, miassn mi d'Fiaker trågn
und dazu de Zither schlågn,
wäu i war meiner Seel' alleweil fidel!"

Wer in Wien sterben möchte, sollte mit folgenden Wörtern vertraut sein:

an Åbgång måchn	(Abgang machen) buchstäblich aus dieser Welt
åkråtzn	brutaler Ausdruck für das Sterben
der Anasiebzga	Straßenbahnlinie 71 (die zum Zentralfriedhof fährt)
a Bankl reißn, åbangln	sterben
der Banane *der Beinerne*	der Tod (hat nichts mit Obst zu tun, weil er auf der ersten Silbe betont wird)
die Bleamalfrau	Blumenverkäuferin, steht in der Regel beim Friedhofseingang
die Böck aufstön *die Schuhe aufstellen*	Die Schuhe **(Böck)** werden nicht mehr geputzt, man kann sie also archivieren.
a Brezn reißn	sterben
die Erdäpfe von untn åschaun *die Kartoffeln von unten anschauen*	orientierungsmäßige Angabe der Position der Leiche

si dastessn *sich niederstoßen*	straucheln; auch: sterben
der Hoizpyjama	Sarg
si hamdrahn *sich heimdrehen*	sich umbringen
in die Kistn hupfn *in die Kiste hüpfen*	passiert eher selten freiwillig
der Partezettl / die Parte	Todesanzeige
die Påtschn streckn	sterben
der Pompfinebara	Totengräber. Die Totengräber heißen in Wien **Pompfinebara** nach dem Begräbnisunternehmen „Entreprise des pompes funèbres", das aufgrund einer Absprache mit dem Konkurrenten „Pietät" alle außerkirchlichen Begräbnisdienste anbot.
der Quiqui	Der Tod. Der **Quiqui** ist lateinisch irgendeiner, den man nicht bezeichnen will, also der Tod. Wer eine schwere Krankheit übersteht, ist **dem Quiqui von da Schaufl gsprungan.**
den Löffe åbgebn *den Löffel abgeben*	Ratten und Mäuse benötigen kein Essbesteck.
umesteh	sterben

Wer sich zu einem Abgang für immerdar entschlossen hat, kann bei der Städtischen Bestattung noch ante mortem aus einem umfangreichen Angebot an letzten Behausungen auswählen:

Einfache Gräber – Familiengräber
Granitartige Gräber – Grabkammern – Grüfte
Besondere Grabstellen, z. B. Gartengräber, Mausoleen
Urnenwandnischen – Urnengräber
Gruftartige Urnengräber – Urnengrüfte

Das Angebot ist zweifelsohne reichhaltiger als jenes auf dem Wohnungsmarkt im Alltag. Schließlich ist die Bestattung in Wien mit 55 Beerdigungen pro Tag das marktdominierende Unternehmen. In ihrem Katalog orientiert sie sich an Ikea, spricht die Kunden direkt an und personalisiert ihre Produkte. Die Särge heißen nicht Björn oder Birte, sondern Memphis (aus Linde), Athen (Pappel) oder Cordoba (Tanne).

Auch für alternative postmortale Lagen gibt es passende Angebote. Naturnahe Bestattung direkt in der Erde wird im Orangenhain, im Pinienwald oder – passend für passionierte Trankler – im Weingarten angeboten.

Wenn der Verblichene ein Juwel von einem Menschen war, kann man ihn zu einem Diamanten verarbeiten lassen: „Erinnerungsdiamanten können als Schmuckstück, etwa als Ring, getragen, oder an einem dafür bestimmten Ort platziert werden. (…) Die verbleibende Asche wird zumeist wie bei einer normalen Feuerbestattung beigesetzt."

Eine besondere Sehenswürdigkeit ist zweifellos der zwei Millionen Quadratmeter große Zentralfriedhof. Nach einem geflügelten Wort ist er halb so groß wie Zürich, jedoch doppelt so lustig. Um auch Mozart an diesem Spaß teilhaben zu lassen, spendierten ihm die Wiener ein Ehrengrab, in dem er nie gelegen hat.

Zeit seines Bestehens hat der **Zenträu** die Sänger der Stadt in seinen Bann gezogen. Zum 100. Geburtstag schrieb Wolfgang Ambros die Hymne „Es lebe der Zentralfriedhof". Und schon im 19. Jahrhundert dichtete Gustav Schöpf schaurig-schön:

Wer den Centralfriedhof nur kennt,
Der weiß, er wird oft überschwemmt,
A Frau, versunken in Schmerz und Gram,
Möchte gern besuchen den todten Mann.
Sie findet ihn nicht, sucht sie noch so viel,
Ja was ist das, ja was ist das,
Er schwimmt grad i der Hinterbrühl,
hörns das ist a Spaß.

Fans des Morbiden sollten unbedingt das neue Bestattungsmuseum beim Tor 2 des **Zenträu** besichtigen. Dort sind die Zubringerdienste des Todes vom Leichenwagen bis zum wiederverwertbaren Sarg (mit Kippvorrichtung) umfassend dokumentiert. Zusätzlich findet man **Partezettl**, die bereits einige Tage vor dem Tod des irgendwie doch Verstorbenen datiert sind.

A Z

Anhang

Leseempfehlungen

Die beiden Altmeister des Wienerischen sind:

Johann Nestroy (1801-1862) verwendete in seinen Possen nicht das Wienerische, sondern eine Kunstsprache, die viele Begriffe aus dem Wienerischen entlehnt. Die Possen sind unausweichlich mit dem Wiener Idiom unterschiedlicher Gesellschaftsschichten verbunden und verlieren auf Hochdeutsch ihre Wirkung.

Ödön von Horváth (1901-1938) setzte wie Nestroy die Sprache ein, um die Absichten der Sprecher kenntlich zu machen. Aus Dialekt und Hochsprache, Slogans und Pseudoweisheiten schafft er in seinen Stücken und Romanen ein Pandämonium der Spießer.

Dialekt in der Literatur findet sich in unter anderem hier:

H. C. Artmann: med ana schwoazzn dintn. gedichta r aus bradnsee, Otto Müller Verlag, Salzburg 1958. Die Dialektlyrik des Erzpoeten Artmann hat bereits 12 Auflagen erreicht und ist der meistverkaufte Gedichtband nach 1945.

Bernhard C. Bünker / Manfred Chobot (Hrsg.): Dialekt-Anthologie 1970-1980, Internationales Dialektinstitut, Wien 1982. Der Band ist bis heute die einzige umfangreiche Sammlung neuerer Dialektliteratur in Österreich.

Christine Nöstlinger: Iba de gaunz oaman Fraun, Residenz-Verlag, Wien 2009. Mit ihren Gedichten gibt die Autorin jenen eine Stimme, die meist überhört werden. Wie die Texte von Artmann sollten diese Gedichte laut gelesen werden.

Wolfgang Teuschl: Da Jesus und seine Hawara, Residenz-Verlag, Wien 2009. Die erstmals 1971 erschienene Übertragung des Markus-Evangeliums ins Wienerische ist an keiner Stelle parodistisch oder blasphemisch und gilt als Klassiker des Wiener Dialekts.

Für die intensivere Auseinandersetzung mit dem Wienerischen:

Reinhardt Badegruber / Robert Sedlacek: Wiener Wortgeschichten, Haymon Verlag, Innsbruck 2012.

Jakob Ebner: Österreichisches Deutsch, Dudenverlag 2008.

Hans Hauenstein: Wiener Dialekt. Weanerische Drahdiwaberl von A-Z, Karner-Verlag 1974.

Julius Jakob: Wörterbuch des Wiener Dialektes, Gerlach & Weidling, Wien 1929.

Mauritz Schuster: Alt-Wienerisch. Ein Wörterbuch veraltender und veralteter Wiener Ausdrücke und Redensarten, Österreichischer Bundesverlag, Wien 1951.

Robert Sedlaczek: Wörterbuch des Wienerischen, Haymon Verlag, Innsbruck 2011.

Peter Wehle: Sprechen Sie Wienerisch? Von Adaxl bis Zwutschkerl, Ueberreuter Verlag, Wien 1980.

Richard Weihs: Wiener Wut. Das Schimpfwörterbuch mit 2222 Kraftausdrücken, Pichler Verlag, Wien 2015.

Astrid Wintersberger: Der kleine Wappler. So flucht und schimpft Österreich, Residenz-Verlag, Wien 2012.

Zum Wiener Lebensgefühl empfehlen wir:

Beppo Beyerl, Manfred Chobot, Gerald Jatzek: Der Hund ist tot. Grätzelgeschichten aus 24 Wiener Bezirken, Löcker Verlag, Wien 2012. Skurrile, groteske und fantastische Geschichten in österreichischem Deutsch mit Dialogen im Dialekt.

Beppo Beyerl: Typisch Wien, vom Achterl zum Zentralmeidlinger, Löcker Verlag 2018. Nicht nur Typen, sondern auch Zustände und Erscheinungen werden gewürdigt.

Gerhard Roth: Eine Reise in das Innere von Wien. Die Archive des Schweigens, Fischer, Frankfurt 1993. Vorsichtig wie ein Archäologe legt der Autor Schicht um Schicht die dunkle, verborgene Seite der Stadt frei.

Joseph Roth: Kaffeehausfrühling. Ein Wien-Lesebuch Taschenbuch, hrsg. v. Helmut Peschina, Kiepenheuer & Witsch, Köln 2005. Vom Schwarzmarkt bis zum Kino reicht der Bogen dieser Feuilletons aus den 1920ern.

Friedrich Torberg: Die Tante Jolesch oder Der Untergang des Abendlandes in Anekdoten, Langen Müller Verlag, München 1975. Skurriles, Ironisches, Nachdenkliches aus dem ersten Drittel des 20. Jahrhunderts.

Personenregister

Ambros, Wolfgang: Der 1952 geborene Sänger leitete in den 1970ern gemeinsam mit seinem Texter Joesi Prokopetz die Wiener Dialektwelle und den Austropop ein und ist gezeichnet vom Leben.

Berger, Joe (1939-1991): Der Autor und Schauspieler war ein Meister der kleinen Form und der Improvisation.

Chiavacci, Vinzenz (1848-1916): Er war Feuilletonist und Erfinder der Figur der Sopherl am Naschmarkt.

Falco (eigentlich: Johann Hölzel; 1957-1998): Der weltweit erfolgreiche Sänger und Bassist aus Wien verfasste Texte in einem Gemisch aus Wienerisch, Hochdeutsch und Englisch.

Farkas, Karl (1893-1971): Der Kabarettist wurde durch seine Doppelconférenzen mit Fritz Grünbaum und Ernst Waldbrunn bekannt.

Frankowski, Hans (1888-1945): Er begann als Volkssänger und schrieb in der Folge einige der bekanntesten Wienerlieder.

Happel, Ernst „Aschyl" (1925-1992): Der Wiener wurde nach seiner Karriere als Kicker und Kettenraucher zu Österreichs bekanntestem Fußballtrainer. Unter anderem führte er den HSV zum Meistertitel und wurde mit den Niederlanden 1978 Vizeweltmeister.

Häupl, Michael (geb.1949): Der Sozialdemokrat war von 1994 bis 2018 Bürgermeister von Wien. Aussagen wie „Mein Wien is net deppert!" sind in den allgemeinen Sprachschatz eingegangen.

Herz, Peter (1897-1985): Der gelernte Bankbeamte verfasste Liedtexte, Libretti und feuilletonistische Texte. 1953 kehrte er aus der Emigration zurück und blieb bis zu seinem Tod ein kritischer Beobachter der Abgründe der Wiener Seele.

Hinterberger, Ernst (1932-2012): Der Autor schöpfte aus dem prallen Wiener Alltagsleben, u. a. mit seiner TV-Serie „Ein echter Wiener geht nicht unter". Sein nicht untergehender Protagonist Mundl Sackbauer wurde in den Bundesländern zum Synonym für den stets stänkernden Wiener Proleten.

Jürgens, Voodoo (eigentlich: David Öllerer): Der 1983 geborene Tullner arbeitete vor seiner Karriere als Liedermacher als Friedhofsgärtner.

Kraus, Karl (1874-1936): Der Autor, Publizist und Herausgeber war in seiner Zeit sowohl das moralische wie das grammatikalische Gewissen der Stadt.

Kuh, Anton (1890-1941): Der Wortsteller (spricht besser als er schreibt) war ein fruchtbarer Publizist in unterschiedlichen Bereichen und in Zeiten finanzieller Not auch Essayist.

Leibinger, Karl (1886-1947) war ein produktiver Textdichter von Wienerliedern.

Leopoldi, Hermann (eigentlich: Hersch Kohn, 1888-1956): Der Pianist, Komponist und Kapellmeister bündelte seine Fähigkeiten, indem er den Beruf des Klavierhumoristen ausübte. 1939 wurde er von seiner Ehefrau Eugenie aus dem KZ Buchenwald freigekauft und emigrierte in die USA.

Merz, Carl (1906-1979): Schriftsteller und Kabarettist

Moser, Hans (eigentlich Jean Julier, 1880-1964): Der Wiener Volksschauspieler gilt als Erfinder des Nuschelns.

Müller, Gabriele (geb. 1958): Die Übersetzerin und Autorin aus Wien schreibt pointierte Gedichte im Dialekt.

Mutzenbacher, Josefine: Angeblich hat die Wiener Prostituierte „Die skandalösen Bekenntnisse der Josefine Mutzenbacher" verfasst, die mit hoher Wahrscheinlichkeit von Felix Salten (1869-1945) stammen.

Nestroy, Johann (1801-1862): Der Schauspieler und Stückeschreiber verwendte einen artifiziellen Wiener Dialekt, der ohne Simultandolmetscher kaum verstanden wird. Er gilt als Perfektionist des Stegreif-Auftritts auf dem Theater.

Polgar, Alfred (1873-1955): Meist saß er im Kaffeehaus und tarockierte. Ansonsten war er Essayist und Feuilletonist und Mitarbeiter der „Weltbühne".

Qualtinger, Helmut (1928-1986): Der Schriftsteller, Schauspieler und Kabarettist verkörperte als Herr Karl und als Travnicek die dunklen Seiten des Wieners.

Raimund, Ferdinand (1790-1836): Er war Dramatiker und Schauspieler. Manche seiner Stücke sind hinter der freundlichen Oberfläche abgrundtief traurig.

Schrammel, Johann (1850-1893) und Josef (1852-1895) spielten im Quartett mit dem Gitarristen Anton Strohmayer (1848-1937) und dem Klarinettisten Georg Dänzer (1848-1893). Ihre Kompositionen und Interpretationen waren stilbildend für die als typisch wienerisch empfundene Musik.

Soyfer, Jura (1912-1939): Der Lyriker und Kabarett-Autor, dessen Stücke zum Wiener Standardrepertoire gehören, starb im KZ Buchenwald.

Sowinetz, Kurt (1928-1991): Der Schauspieler brillierte vor allem in Nestroystücken.

Teuschl, Wolfgang (1943-1999): Der Autor, Übersetzer und Kabarettist übertrug das Markus-Evangelium ins Wienerische und verfasste ein Dialekt-Lexikon.

Torberg, Friedrich (1908-1979): Der Schriftsteller („Der Schüler Gerber") und Kulturpublizist („Die Tante Jolesch"; „Kaffeehaus war überall") setzte dem jüdischen Großbürgertum ein literarisches Denkmal.

Weys, Rudolf (1898-1978): Der Schriftsteller und Kabarettist verfasste Libretti für Operetten und Singspiele.

Wörterliste

In dieser Wörterliste finden Sie alle wienerischen Wörter und Begriffe aus diesem Buch, alphabetisch sortiert. Dahinter steht die Seitenzahl, auf der das Wort zu finden ist.

A

B

C

D

E

F

G

H

I

J

K

L

M

T

U

V

W

Z

Notizen

Die Autoren

Beppo Beyerl

Geboren 1955 in Wien, hat drei Heimaten, seine Geburtsstadt, Südböhmen und den slowenischen Karst. Schreibt Bücher und Reportagen über die Insassen und Schicksale seiner drei Heimaten. Gründete in Pomjan (Slowenien) im Jahre 2015 die Volksrepublik Beppo.

Foto: Gerhard P. Winter

Gerald Jatzek

Geboren 1956 in Wien, lebt ebendort, auf Reisen und in Panik. Er erhielt einige Literaturpreise und zupft Instrumente. Zudem ist er promovierter Kommunikationswissenschaftler und gab Sammlungen mit österreichischer Lyrik und Wiener Humoresken heraus.

Klaus Hirtner (1958-1995)

Charakterisierte sich selbst als „Finder, Erfinder und Gestalter von Texten, Bildern und Tönen". Er verfasste Gedichte, Erzählungen und Reportagen vorzugsweise über die Situation derer, die unter die Räder des Fortschritts gekommen sind.

Impressum

Beppo Beyerl, Klaus Hirtner, Gerald Jatzek
Wienerisch – das andere Deutsch

erschienen im
Reise Know-How Verlag Peter Rump GmbH,
Osnabrücker Str. 79, 33649 Bielefeld

12. neu bearbeitete und verbesserte Auflage 2022

ISBN 978-3-8317-6570-6

Gestaltung und Bearbeitung: der Verlag
Kartografie: Thomas Buri
Zeichnungen: Stefan Theurer
Cover Illustration: Patrick Haase

Druck und Bindung
mediaprint solutions GmbH, Paderborn

Bibliografische Information der Deutschen Nationalbibliothek
Die Deutsche Nationalbibliothek verzeichnet diese Publikation in der Deutschen Nationalbibliografie; detaillierte bibliografische Daten sind im Internet über http://dnb.dnb.de abrufbar.

Reise Know-How Bücher finden Sie in allen gut sortierten Buchhandlungen.
Falls nicht, kann Ihre Buchhandlung unsere Bücher hier bestellen:
D: Prolit GmbH, prolit.de und alle Barsortimente
CH: AVA Verlagsauslieferung AG, ava.ch
A: Freytag-Berndt und Artaria KG, freytagberndt.com
B, Lux, NL: Willems Adventure, willemsadventure.nl
oder direkt über den Verlag: www.reise-know-how.de

Liebe Leserin, lieber Leser,

ein unabhängiger Verlag für unabhängig Reisende – das sind wir, der Reise Know-How Verlag aus Bielefeld, eines der letzten Familienunternehmen in der Branche. Obwohl wir zu den größten Reiseführerverlagen Deutschlands gehören, ist der familiäre Umgang miteinander in allen Bereichen des Verlagslebens zu spüren: In der Geschäftsführung in zweiter Generation, in einer wertschätzenden Arbeitsatmosphäre, in der Nähe zu unseren frei arbeitenden Autorinnen und Autoren und im engen Austausch mit unseren Leserinnen und Lesern.

Alles, was wir in unsere Bücher und Landkarten stecken, soll Ihnen eines ermöglichen: Auf Ihre ganz eigene, individuelle Weise die Welt zu entdecken. Wir wünschen Ihnen viel Freude und unvergessliche Erlebnisse mit diesem Sprachführer.

Es grüßen herzlich
Peter Rump & Wayan Rump